Frank Stein

GRILLEN

Über 100 leckere Rezepte

Weltbild

Inhalt

Rund um den Grill

Wenn die Sonne höher steigt und warme Abende beschert, beginnt in jedem Jahr die Zeit des Grillens. Rauchschwaden steigen aus Gärten, von Balkons und Terrassen auf und signalisieren deutlich: Hier wird dem sommerlichen Vergnügen schlechthin gefrönt.
Wenn die Wissenschaftler recht haben, soll das Grillen von unseren Urahnen erfunden worden sein, als sie sich das Feuer nutzbar machten.
Doch trotz allen Komforts, den moderne Herde heute bieten, hat das Grillen im Freien bis jetzt nichts von seiner Faszination verloren. Wenn man zu Hause das Grillvergnügen ungetrübt genießen möchte, sollte man in jedem Fall einige Grundregeln beachten und das geeignete Zubehör besitzen.

Kontakt- und Strahlungsgrills

Das wichtigste ist selbstverständlich der Grill. Zunächst gilt es, unter dem reichhaltigen Angebot des Handels das richtige Gerät auszuwählen. Unterscheiden muß man zunächst zwischen dem Kontakt- und dem Strahlungsgrill. Bei ersterem wird die Hitze über beheizte Platten direkt auf das zu garende Lebensmittel übertragen, quasi wie bei einer Pfanne. Das Grillgut kommt dabei mit der Wärmequelle in Berührung. Anders bei Strahlungsgrillgeräten. Bei diesen wird die Wärme durch Hitzestrahlung, die z.B. bei einem Holzkohlefeuer durchaus 800 °C erreichen kann, übertragen. Vereinfacht kann man sagen, daß der Kontaktgrill dem Braten am nächsten kommt, während der Strahlungsgrill eher röstet. Dieses Buch ist den Strahlungsgrills gewidmet, die sowohl mit Holzkohle, Gas oder auch elektrisch beheizt sein können. Für welchen dieser Grilltypen Sie sich entscheiden, hängt davon ab, wieviel Geld Sie ausgeben möchten, welche Ansprüche Sie an das Gerät stellen und wo Sie es einsetzen möchten.

Technische Details

Bei den im Handel angebotenen Grills gibt es große Unterschiede – nicht nur im Material und in der Verarbeitung, sondern auch in den technischen Details. Ganz wichtig ist, daß der Grill einen stabilen Unterbau hat, ob nun einsteckbare Beine, einen Rollwagen oder einen festen Kasten. Die Standsicherheit sollte nicht unterschätzt werden, denn ein unbeabsichtigter Stoß darf nicht zum Umkippen des Gerätes und damit zu Gefährdung von Mensch und Umwelt führen. Weniger wichtig ist die Form des Grills. Ob er nun rechteckig oder rund ist, ist reine Geschmacksache. Die Größe des Gerätes hingegen sollte immer auf die Bedürfnisse des Benutzers abgestimmt sein. Wer nur mit der Familie grillen möchte, braucht lediglich einen kleinen Grill, im Gegensatz zu denjenigen, die häufig rauschende Grillfeste feiern möchten.
Der Grillrost sollte in jedem Fall höhenverstellbar sein, damit man das Grillgut den Temperaturbedingungen anpassen kann.
Ein Windschutz (möglichst nach drei Seiten) ist für das Grillen im Freien unentbehrlich, gerade bei Holzkohlegrills. Denn er verhindert, daß heiße Asche aufwirbelt.
Ein sinnvolles Zubehör für Leute, die auch gerne mal größere Fleischstücke grillen möchten, ist der Drehspieß. Diesen gibt es sowohl mit Elektro- als auch mit Batteriemotor, die für vollautomatisches Wenden sorgen. Die einfachste und arbeitsintensivste Art ist der handbetriebene Spieß, den man auch noch im Handel findet. Vor dem Einsatz eines Drehspießes muß darauf geachtet werden, daß die Halterungen dafür (häufig in den Windschutz durch Einkerbungen im Blech vorgefertigt) tatsächlich ausreichend Halt bieten. Nicht, daß der Braten durch mangelnde Befestigung herunterfällt oder daß alles in sich zusammenbricht, wie es bei Billigangeboten aus dünnem Stahlblech durchaus vorkommen kann.

Qualität zahlt sich aus

Bei der Anschaffung eines Grills zahlt sich Qualität aus. Was nützt ein Gerät, schön lackiert und auch noch billig, wenn es zu leicht gebaut und damit nicht standsicher ist? Oder wenn die Feuerschale durch die Hitze durchbrennt und der Grillrost sich durch die Hitzestrahlung verbiegt?
Deshalb kann nur dringend empfohlen werden, sich die unterschiedlichen Angebote genau anzusehen und den Grill nur aufgebaut auf Stabilität und die anderen wichtigen Eigenschaften zu prüfen. Gerade beim Grillen muß die Sicherheit absoluten Vorrang haben. Verläßliche Entscheidungshilfen sind folgende Zeichen am Gerät: das DIN-Zeichen DIN 66077 und das Zeichen GS = geprüfte Sicherheit.
Nachfolgend finden Sie für Holzkohle-, Gas- und Elektrogrill wichtige Hinweise, die Ihnen bei Ihrem Kauf hilfreich sein können.

Der Holzkohlegrill

Nach wie vor ist er der am häufigsten verwendete Grilltyp, denn er verleiht dem Grillgut sein ganz typisches Aroma. Die handelsüblichen Grillgeräte werden meist aus Stahlblech mit unterschiedlicher Stärke (von der auch der Preis abhängt) oder aus Gußeisen gefertigt. Gußgrills sind schwerer, meist auch länger haltbar und häufig teurer als Geräte aus Stahlblech. Ihr Vorteil liegt in der besseren Wärmeverteilung. Die Blechgeräte sind, je nach Ausführung, unterschiedlich beschichtet. Billige Geräte haben bestenfalls eine Lackbeschichtung, die meist schnell abbrennt oder abplatzt. Bis hin zu emaillierten Geräten ist in jeder gewünschten Größe alles erhältlich, wobei deutlich gesagt werden muß, daß nicht jeder Grill, der nett aussieht, auch wirklich praktisch und gut ist. Deshalb sollte eine Anschaffung, die über ein paar Grillabende hinaus Bestand haben soll, gut überlegt sein.
In letzter Zeit sind Holzkohlegrills etwas in Verruf geraten, da sich beim Grillen über Holzkohle besonders viele gesundheitsschädliche Stoffe bilden. Diese Tatsache ist nicht von der Hand zu weisen, doch wenn Sie ein paar Grundregeln zum Grillen mit Holzkohle beachten, können Sie Ihr Grillvergnügen unbeschwert genießen.
Beim Grillen tropft zwangsläufig Fett vom Grillgut ab. Dieses stammt entweder von den Fettteilen des Fleisches oder aus der Marinade, mit der das Grillgut bestrichen ist.
Wenn das abtropfende Fett auf der offenen Glut verbrennt, zersetzt es sich, es kommt zur Rauchentwicklung, und es bilden sich krebserregende Stoffe (die sogenannten Benzpyrene). Diese lagern sich dann auf dem Grillgut ab.

Um das Abtropfen von Fett auf die Glut zu verhindern, gibt es Grillkonstruktionen, bei denen die Holzkohle in einer speziellen Halterung senkrecht zur Seite geschwenkt werden kann oder schon fest vertikal eingefüllt werden muß. Falls Sie ein Gerät haben, bei dem sich die Glut direkt horizontal unter dem Rost befindet, müssen Sie darauf achten, daß möglichst wenig Fett auf die Kohle tropfen kann. Die Verwendung von Grillschalen aus Aluminium (siehe auch Seite 12) oder das Auflegen eines Stückes dicker Alufolie auf den Rost schaffen hier Abhilfe.

Eine, wenn auch nicht ganz preiswerte Alternative zu den oben beschriebenen Holzkohlegrilltypen sind sogenannte Bio-Rost-Geräte, bei denen das abtropfende Fett über speziell ausgeformte Grillroststäbe in eine Auffangschale vor dem Grill geleitet wird.
Für welchen Grilltyp Sie sich letztlich entscheiden, hängt natürlich auch etwas von Ihrem Geldbeutel ab. Wenn jedoch die Wahl zwischen zwei gleich teuren Holzkohlegrillgeräten besteht, sollten Sie dem Grill mit schwenkbarem Feuerkasten unbedingt den Vorzug geben.

Der Gasgrill

Vom Grundprinzip her sind die Gasgrillgeräte ähnlich wie Holzkohlegrills aufgebaut. Allerdings haben sie eine „Brennplatte", in der das aus Flaschen kommende Propangas verbrennt. Diese Platte ersetzt den Feuerkasten des Holzkohlegerätes.
Gasgrills müssen nicht vorgeheizt werden. Das Gas entwickelt sofort nach dem Anzünden die volle Heizkraft. Gute Gasgeräte haben einen Regler, mit dem die Gaszufuhr und damit der Hitzegrad eingestellt werden kann – eine praktische Sache. Einfache Geräte hingegen sind meist nur über das Ventil an der Gasflasche zu regulieren. Wenn Sie wählen können, sollten Sie immer einem Gerät mit einem zusätzlichen Regler den Vorzug geben.
Die Strahlungswärme wird bei Gasgrillgeräten in der Regel von oben auf das Grillgut geführt. Fett kann also nie auf die Hitzequelle tropfen – eine gesunde Art zu grillen. Da beim Verbrennungsvorgang durch Gas keine Asche anfällt, ist die anschließende Reinigung des Gerätes sehr einfach.
Als Besonderheit unter den Gasgrills sind Lavastein-Grillgeräte im Handel. Bei diesen werden durch das abbrennende Gas zunächst die Lavasteine erhitzt, die die Wärme dann ihrerseits auf das Grillgut abstrahlen. Die glühenden Steine vermitteln eine ähnliche Atmosphäre wie echte Holzkohleglut. Außerdem kann durch die sehr poröse Oberfläche der Steine viel herabtropfendes Fett absorbiert werden. Es entstehen fast keine gesundheitsschädigenden Stoffe.
Übrigens, die genaue Handhabung des Gasgrills sollten Sie stets in der Bedienungsanleitung des Geräteherstellers nachlesen, damit später nichts schiefgehen kann.

Der Elektrogrill

Für diejenigen, die schnell und problemlos sowie dazu noch sauber und gesund grillen möchten, gibt es zum Gasgrill nur noch eine Alternative – den Elektrogrill. Neben den in vielen Backöfen eingebauten Elektrogrills und den Einzelgeräten für die Küche gibt es seit einiger Zeit auch spezielle Tischgrillgeräte, die elektrisch beheizt werden. Diese erfreuen sich immer größerer Beliebtheit, denn man kann sie sowohl draußen auf dem Balkon und im Garten als auch drinnen einsetzen. In der Regel bestehen sie aus einem stabilen Gehäuse, einer Auffangschale, in die man Wasser füllt, einer Heizschlange und einem höhenverstellbaren Grillrost. Exklusive Tischgrillgeräte haben zusätzlich noch einen Windschutz und einen Grilltisch mit stabilen Beinen. Die Geräte sind so konstruiert, daß abtropfendes Fett in die mit Wasser gefüllte Auffangschale fällt. Dadurch wird eine Rauchentwicklung vermieden, und es entstehen fast keine gesundheitsschädlichen Stoffe. Außerdem freuen sich die Nachbarn und die Gäste, weil sie nicht mit unangenehmen Grillschwaden eingenebelt werden.

Die Reinigung der Geräte ist äußerst einfach. Man kann sie leicht zerlegen und die Teile in der Spülmaschine waschen.
Noch ein Tip zum Schluß: Bevor Sie das erste Mal mit einem Elektrogrillgerät arbeiten, sollten Sie in jedem Fall die Bedienungsanleitung des Herstellers durchlesen. Dort finden Sie viele hilfreiche Tips zum Umgang mit dem Gerät. Bei manchen Geräten beispielsweise wird ausdrücklich davon abgeraten, den Rost mit Alufolie zu bespannen oder Alugrillschalen zu verwenden, da es sonst zu einem Hitzestau im Grillgerät kommen kann.

Das Grillzubehör

Hat man den Grill bereits erstanden, kommt automatisch die Frage nach dem richtigen Zubehör. Es muß nicht gleich eine Profi-Ausstattung sein, wenn nur an einigen Abenden des Jahres gegrillt werden soll. Doch einige Zubehörteile sind unbedingt erforderlich und in der normalen Küche nicht immer vorhanden.

● An erster Stelle stehen, zumindest für den Benutzer eines Holzkohlegrills, ausreichend **Holzkohle** ① sowie **Grillanzünder** ②. Näheres zu diesen Dingen erfahren Sie im Kapitel „Die richtige Glut" auf der Seite 14.

● Ebenfalls unentbehrlich für das Holzkohlegrillen ist ein stabiler **Schürhaken** ③, mit dem Kohle und Glut verteilt und in die gewünschte Position geschoben werden können. Es empfiehlt sich, einen Schürhaken mit isoliertem Griff zu nehmen, damit die Hitze der glühenden Kohle nicht auf die Hand übertragen wird. Preisgünstige Schürhaken gibt es im Handel für Holzöfen.

● Zum Nachfüllen von frischer Holzkohle empfiehlt sich eine kleine **Kohlenschaufel** ④.

● Damit die Kohle erst einmal richtig zu brennen beginnt, benötigt sie ausreichend Sauerstoff. Mit einem **Blasebalg** ⑤ läßt sich leicht und ohne großen Kraftaufwand Luft an die Kohle blasen, so daß diese richtig aufglühen kann.
Ob Sie nun den edlen Kaminblasebalg oder die Luftpumpe für Luftmatratzen nehmen, bleibt Ihnen überlassen. Zur Not tut es auch eine zusammengelegte Tageszeitung.

● Falls der Grillrost sehr verkrustet ist, sollten Sie zum Säubern am besten eine **Drahbürste** ⑥ bereitliegen haben.

● Zum Wenden des Grillgutes ist eine **Grillzange** ⑦ erforderlich. Diese benötigt man nicht nur zum Wenden von Würstchen, sondern auch von Fleisch, das sonst beim Einstechen mit einer Gabel zuviel Saft verlieren würde. Die Grillzange sollte isolierte, lange Griffe haben und stabil sein, damit man auch ein etwas schwereres Fleischstück ohne Verbiegen oder sogar Brechen der Zange anheben kann.

● Eine **Fleischgabel** ⑧ mit langem Griff und ein **großes, scharfes Messer** ⑨ sind zum Tranchieren unentbehrlich. Oft kann hier aus dem Küchengerätefundus geschöpft werden.

● Zum Ablegen des Fleisches oder zum Tranchieren hat sich ein dickeres **Schneidebrett** ⑩ mit umlaufender Saftrille, die den austretenden Bratensaft auffängt, bewährt. Hier lohnt es sich, bei der Anschaffung auf gute Qualität zu achten, denn auch im Haushalt findet ein solches Schneidebrett immer wieder Verwendung.

● Die Holzkohleglut ist meist sehr heiß, und Fettspritzer sind nicht immer zu vermeiden. Daher empfiehlt es sich, beim Wenden des Grillgutes und beim Schüren des Holzkohlefeuers einen dicken **Grillhandschuh** ⑪ überzustreifen, der vor Verbrennungen schützt. Dieser sollte möglichst gut isoliert sein, am besten durch eine Aluminiumschicht auf der Außenseite. Außerdem ist es wichtig, daß der Handschuh nicht nur die Hand, sondern auch das Handgelenk und einen Teil des Unterarms schützt.

● Insbesondere wenn Sie beim Grillen Sommerbekleidung tragen, sollten Sie eine **Grillschürze** ⑫ umbinden. In den meisten Fällen tut es eine feste Küchenschürze. Sie sollte allerdings weder aus Plastik noch aus Kunststoffasern sein, denn diese Materialien brennen sehr leicht.

● Feste, dicke **Alufolie** ⑬ sollte fürs Grillen immer bereitliegen. Manche Lebensmittel lassen sich beispielsweise weder auf dem Rost noch am Drehspieß optimal grillen, da sie sehr weich sind oder viel Flüssigkeit enthalten (z.B. Tomaten oder verschiedene Obstsorten). Bei diesen empfiehlt es sich, sie in gefettete Alufolie eingewickelt zu garen. Achtung: Die Garzeit verlängert sich durch die Folie etwas. Wenn Sie gesundheitsbewußt grillen möchten, aber nur einen Holzkohlegrill ohne schwenkbaren Feuerkasten besitzen, dann sollten Sie den Rost mit fester Alufolie belegen (Glanzseite nach oben). Die Alufolie wird dann mit Öl bestrichen und das Grillgut darauf gegart. Die Alufolie verhindert somit, daß Fett in die heiße Glut tropfen kann.

3 kg
GRILL
Holzkohle-Kissen
①
②
③
④
⑤
⑥
⑦
⑧
⑨
⑩
⑪
⑫
⑬

● Eine Alternative zum gesundheitsbewußten Grillen auf Alufolie ist die Verwendung von **Alugrillschalen** ①. Diese gibt es in verschiedenen Größen und Formen. Die meisten haben einen gewellten Boden mit kleinen Löchern. Aluschalen verhindern ebenfalls, daß Fett in die Glut tropft. Vor der Verwendung werden Sie mit etwas Öl ausgestrichen, damit nichts anhängen kann. Wenn Sie auf das klassische Holzkohlegrillaroma nicht verzichten möchten, dann sollten Sie das fast fertig gegarte Fleisch noch kurz ohne Aluschale direkt auf dem Rost nachgrillen.
Die Verwendung von Alugrillschalen empfiehlt sich auch beim Garen von sehr flüssigkeitsreichem Grillgut (z.B. Obst und Gemüse) sowie bei Fisch (der sehr schnell austrocknen kann). Leider sind Alugrillschalen weder billig noch umweltfreundlich. Sie können aber als Wertstoffe recycelt werden.

● Ein weiteres praktisches Zubehör zum Grillen sind spezielle **Drahtkörbe** ②. Diese gibt es sowohl in eckiger Form als auch als Fisch geformt (speziell zum Garen ganzer Fische). Man setzt sie zum Grillen von sehr weichen, empfindlichen Lebensmitteln ein, die beim Wenden leicht zerfallen können (z.B. Fisch), nimmt sie aber auch für kleine Lebensmittelstücke, die eventuell durch den Rost fallen könnten. Das Grillgut wird auf den unteren Teil des Drahtkorbs gelegt, der obere Teil wird darübergeklappt, und dann verschließt man den Korb mit Hilfe von speziellen Klammern oder Ringen.

● Wird das Grillgut mit Öl oder Marinade eingestrichen, ist ein langstieliger **Pinsel** ③ (am besten mit Naturborsten) erforderlich. Man benötigt ebenso ein entsprechendes **Schälchen** ④. Wegen der Hitze am besten eines aus feuerfestem Material.

● Wenn der Eßtisch nicht überladen werden soll, ist ein **Beistelltisch** sehr praktisch. Auf diesem finden Salate, verschiedene Grillsaucen, Brot, Getränke und vieles mehr Platz.

● Außerdem ist beim Grillen eine ausreichend große und stabile **Ablagefläche** wichtig. Denn es gilt, Fleisch aufzuschneiden, die Zutaten bereitzustellen und vieles mehr. Grillgeräte, die eingebaut werden oder mit einem stabilen, tischhohen Unterbau ausgerüstet sind, haben meist eine solche Ablagefläche.

● **Salz und Pfeffer** ⑤ sollten beim Grillen immer bereitstehen, z.B. auf dem Beistell- oder dem Eßtisch. Übrigens, Pfeffer aus der Mühle schmeckt viel aromatischer als bereits fertig gemahlener.

● Nur am Rande ist noch anzumerken, daß Plastikbesteck beim Grillen nichts zu suchen hat – und das nicht nur aus ökologischen Gründen, sondern auch, weil solches **Besteck** ⑥ für das Schneiden von Fleisch meist nicht ausreichend stabil ist. Die Besteckschublade Ihres Haushaltes bietet sicher alles, was benötigt wird. Und handlicher ist das übliche Edelstahlbesteck nebst dem dazu gehörenden Vorlegebesteck allemal.

● Auch bei **Tellern** ⑦ **und Gläsern** ⑧ sollten Sie auf Plastik- oder Pappgeschirr verzichten und anstatt dessen auf solches aus Glas, Porzellan oder Steingut zurückgreifen. Falls Ihr persönlicher Geschirrfundus zu klein ist, können Sie sich ja vielleicht einige Teile bei Nachbarn oder von Freunden leihen.

● Zum Schluß sind noch die **Servietten** zu erwähnen, die bei einem Grillfest natürlich nicht fehlen sollen.

⑦
⑥
⑧
⑤

Die richtige Glut

Ein wenig Übung gehört schon dazu, um die Holzkohle zum Glühen und gleichzeitigen Hitzespenden zu bringen. Die richtige Glut entscheidet schließlich über das Gelingen der Speisen. Daher hier viele Tips für den Holzkohlegrill.

Stand des Grills

Zunächst sollten Sie bei Holzkohlegrills darauf achten, daß das Gerät fest und sicher steht und daß sich nichts Brennbares in unmittelbarer Nähe befindet. Stellen Sie den Grill immer mit dem Windschutz gegen die Windrichtung, damit die Asche nicht vom Grill geblasen werden kann.

Brennmaterial

Die Holzkohle, früher von Köhlern in großen Meilern in den Wäldern hergestellt, wird heute industriell gefertigt. Gute Holzkohle darf nicht mit heller Flamme abbrennen. Sie soll kräftig glimmen und dabei die Glut entfalten, die für das Grillen erforderlich ist. Daß Holzkohle immer trocken sein muß, ist eigentlich eine Selbstverständlichkeit.
Die industriell hergestellten Holzkohlen unterscheiden sich überwiegend durch die Art des verwendeten Holzes und die daraus resultierende Größe der Kohlestücke. Die ideale **Holzkohle** besteht aus gleich großen, nicht zu kleinen Stücken. Viele kleine und kleinste Teile sind ein Zeichen minderwertiger Qualität. Sie verbrennen zu schnell und halten so die Hitze nicht lange genug.

Eine echte Alternative zu der normalen Holzkohle sind **Holzkohlebriketts,** die es unter verschiedensten Namen im Handel gibt. Bei diesen handelt es sich um gemahlene Holzkohle, die in Brikettform gepreßt wurde. Die etwa gleich großen Stücke halten die Glut sehr lange und eignen sich daher gut für einen ausgedehnten Grillabend. Außerdem entwickeln sie

die Hitze gleichmäßiger. Es dauert aber ein wenig länger als bei Holzkohle, bis die Briketts durchgeglüht sind.
Erst seit kurzer Zeit gibt es Holzkohle im Handel, die aus **Kokosnußschalen hergestellt** wird. Diese brennt recht lange und ist der üblichen Buchenholzkohle durchaus ebenbürtig. Außerdem hat sie den großen Vorteil, besonders umweltfreundlich zu sein, da für ihre Herstellung nicht extra Bäume gefällt werden müssen. Leider ist diese Holzkohle zur Zeit noch teurer als „normale".
Neben den eben beschriebenen Kohlesorten gibt es auch noch anderes Brennmaterial. Doch hier ist Vorsicht geboten! Auf keinen Fall sollten Altpapier, Pappen oder Möbelholzstücke auf den Grill gelangen. Die daran eventuell anhaftenden oder darin enthaltenen Farb-, Beize- oder Kleberreste können schwere gesundheitliche Schäden hervorrufen. Im übrigen ist es auch eine Frage der Ästhetik, denn ein Grill ist keine Müllverbrennungsanlage!
Auch von der Verwendung von Kiefern- und Tannenzapfen ist unbedingt abzuraten. Bei der Verbrennung des in den Zapfen enthaltenen Harzes entstehen große Mengen an aromatischen Kohlenwasserstoffen, die bekanntlich gesundheitsschädlich sind.
Übrigens, der Holzkohlestaub und die kleinen Kohleteile, die fast immer in den Verpackungen enthalten sind, gehören ebenfalls nicht auf den Grill. Zum einen möchte man seine leckeren Steaks möglichst staubfrei verzehren, zum anderen kann es bei zu hastigem Einschütten dieser Reste in die Glut sogar zu „kleinen Staubexplosionen" kommen, die eine echte Gefahr darstellen. Deshalb diesen Kohlerest immer entsorgen, z.B. auf dem Komposthaufen.
Noch ein Tip zum Schluß: Legen Sie immer erst ein großes Stück Alufolie (Glanzseite nach oben) auf den Boden des Feuerkastens, bevor Sie die Kohle darauf schütten. So läßt sich der Grill später viel besser reinigen, da Sie die Kohle leicht mitsamt der Alufolie aus dem Feuerkasten entfernen und entsorgen können.

Anzünden

Es gibt noch immer Menschen, die trotz aller Warnungen reichlich **Brennspiritus** auf die Holzkohle gießen, ein Streichholz anzünden und dieses dann, mit einem großen Satz zur Seite, auf die Kohle werfen. Das Ergebnis ist eine beachtliche Stichflamme, die sehr gefährlich, weil unkontrollierbar, ist. So nicht!
Besser und vor allem sicherer läßt sich ein Holzkohlefeuer mit einem eigens für diesen Zweck hergestellten **Grillanzünder** entfachen. Der Handel bietet hier eine beachtliche Palette an. Die Anzünder werden, je nach Art, zerbröselt oder in Würfeln auf die mit Alufolie ausgelegte Feuerschale gegeben und vorsichtig entzündet. Dann läßt man sie etwas anbrennen und gibt die Holzkohle vorsichtig mit einer Kohlenschaufel darüber.
Alternativ zu der eben beschriebenen Methode kann man auch die Holzkohle als Pyramide in die ausgelegte Feuerschale schichten, zwei kleine „Nester" formen und zwei Anzünder hineingeben. Diese anstecken, etwas abbrennen lassen, und dann die Kohle mit einem Schürhaken vorsichtig darüberziehen.
Nachdem einzelne Kohlenstücke zu glühen beginnen, sollten Sie mit Hilfe eines Blasebalgs oder mit einer Zeitung etwas Luft zuführen. Dann die glühenden Kohlestücke mit dem Schürhaken etwas verteilen, so daß bald alles gleichmäßig zu glühen beginnen.

Bis das erste Grillgut aufgelegt werden kann, vergeht aber noch etwas Zeit, denn die Holzkohle muß erst gut durchgeglüht sein. Der richtige Zeitpunkt, gleich ob bei Grillbriketts oder bei Holzkohle, ist leicht zu erkennen. Sowie sich eine gleichmäßige, weißliche Ascheschicht auf der Kohle gebildet hat und die Kohle darunter leuchtend rot glüht, ist der Grill einsatzbereit. Als Faustregel gilt, daß 30 bis 45 Minuten nach dem Anzünden gegrillt werden kann. Das ist aber nur eine grobe Regel, denn je nach verwendeter Kohle, den Anzündern und den grillspezifischen Besonderheiten kann es auch etwas länger dauern. Ist der Grill einsatzbereit, legt man den Rost (vorher gut mit Öl bestreichen) auf den Grill und läßt ihn etwa 10 Minuten heiß werden. Und dann kann das Grillvergnügen beginnen!

Nachheizen

Gerade bei größeren Grillpartys wird die Glut über eine lange Zeit hinweg benötigt, um den Appetit aller Teilnehmer zu stillen. Deshalb ist es erforderlich, nach einer gewissen Zeit etwas „frische" Kohle von außen ringsherum nachzuschieben. Am besten geht dies mit der kleinen Kohlenschaufel. Sofern zum Zeitpunkt des Nachfüllens noch gegrillt wird, sollten Sie damit warten, bis das Grillgut vom Rost entfernt wurde, damit der Kohlenstaub nicht auffliegt.
Zum Nachheizen gibt es aber noch eine weitere Methode: Die vorhandene Glut wird in zwei gleich große Portionen geteilt. Nach der Zugabe von frischer Kohle auf die eine Portion, wird über der anderen weitergegrillt. Auf der nachgefüllten Portion glüht inzwischen die frische Kohle durch. Danach wird die durchgeglühte frische Kohle über den gesamten Grill verteilt. Und dann kann das Grillvergnügen unbeschwert weitergehen.

Löschen der Glut

Wenn der Grillabend beendet ist, muß natürlich darauf geachtet werden, daß die noch heiße Glut abgelöscht wird. Gießen Sie **niemals** Wasser auf die Glut, denn dabei entstehen heiße Spritzer, die Brandwunden verursachen. Besser ist es, die Glut mit **etwas Sand** abzulöschen und sie so zu ersticken. Andernfalls können Sie den Grill auch unter Aufsicht einfach ausglühen lassen. Die dabei übrigbleibende, abgekühlte Asche ist übrigens ein guter Blumendünger, der direkt auf Blumenbeete oder in Balkonblumenkästen gestreut werden kann. Ansonsten gehört die kalte Asche in den Mülleimer oder auf den Komposthaufen.

Tips zum richtigen Grillen

Grillen und Gesundheit
Wie bereits weiter vorne auf Seite 7 erläutert, kann man beim Grillen mit Holzkohle durch die Wahl des richtigen Grills und durch die Verwendung von Alufolie oder Alugrillschalen viel tun, damit keine oder nur wenige krebserregende Stoffe (Benzpyrene) entstehen. Wenn Sie diese Tips beachten, dann brauchen Sie auf das Grillvergnügen mit Holzkohlefeuer nicht zu verzichten. Was Sie bei der Verwendung von Alufolie oder Alugrillschalen beachten müssen, erfahren Sie im Kapitel „Das Grillzubehör" auf Seite 10. Übrigens, verglichen mit dem Grillen über waagerechter Glut (ohne Verwendung von Folie oder Alugrillschalen) entstehen beim Grillen mit senkrecht angeordnetem Feuerkasten oder beim Grillen mit einem Elektro- oder Gasgrill fast keine Benzpyrene. Dies haben Studien bewiesen.

Grillvergnügen überall?
Wenn Sie zur Miete wohnen und ein Grillfest planen, sollten Sie sich zuvor erkundigen, ob Grillen bei Ihnen im Garten, auf der Terrasse oder auf dem Balkon erlaubt ist. Auch mit einem Ihnen nicht immer wohlgesonnenen Nachbarn kann schnell ein Streit entstehen, wenn die ersten Rauchschwaden vom Grill aufsteigen. Daher Vorsicht! Am besten, Sie informieren vor dem Fest alle umliegenden Nachbarn, um Ärger vorzubeugen, oder Sie laden sie gleich mit ein. Möchten Sie in freier Natur grillen, sollten Sie dafür in jedem Fall einen öffentlichen Grillplatz wählen (Informationen zu solchen Plätzen bekommen Sie in der Regel bei Ihrer Gemeinde- oder Stadtverwaltung).

Grillrost reinigen
Bevor das Grillgut auf den Rost gelegt wird, muß dieser natürlich gut gereinigt sein. Bei neuen Geräten genügt das Abwaschen mit heißem Wasser. Bereits gebrauchte Roste haben meist eine eingebrannte Fettschicht, die es zu entfernen gilt. Bei starken Verkrustungen geht das am besten mit einer Drahtbürste. Sollte diese nicht zur Hand sein, kann man auch ein zusammengeknülltes Stück Alufolie zum Abreiben des Rostes verwenden. Leichte Verkrustungen lassen sich oft schon mit einem Schwamm und Seifenlauge entfernen.

Grillrost einfetten
Bevor das erste Grillgut aufgelegt werden kann, sollte der Rost dünn mit Öl bestrichen werden, damit das Grillgut nicht daran festklebt. Besonders wichtig ist dies bei Fisch, Obst und Gemüse. Zum Einpinseln eignet sich am besten ein neutral schmeckendes Pflanzenöl, wie Soja- oder Sonnenblumenöl. Butter sollten Sie nicht verwenden, denn sie verbrennt sehr schnell. Achten Sie beim Einfetten stets darauf, daß Sie nicht zuviel Fett nehmen, sonst tropft es später in die heiße Glut. Übrigens, es empfiehlt sich, den Rost vor jedem Grillgang neu einzufetten, damit nichts anhaften kann.

Das richtige Fleisch
Beim Grillen über Holzkohle sollten Sie kein zu fettes Fleisch nehmen. Das Fett tropft während des Grillens nämlich in die Glut, und es entstehen krebserregende Benzpyrene. Daher heißt die Devise: mageres Fleisch nehmen, wenn über Holzkohle gegrillt wird.

Was man nicht grillen sollte
Gepökeltes Fleisch (z.B. Kasseler oder gepökelter Schinken) gehören nicht auf den Grill, da sie mit Nitritpökelsalz behandelt wurden. Durch die hohen Temperaturen beim Grillen bilden sich daraus im Fleisch sogenannte Nitrosamine, die krebserregend wirken. Da man dem Fleisch nicht immer ansieht, ob es gepökelt wurde, sollten Sie im Zweifelsfall Ihren Metzger fragen.
Ebenfalls ungeeignet zum Grillen ist noch tiefgekühltes Fleisch.

Grillgut mit Öl bestreichen
Das Grillgut sollte vor dem Auflegen auf den Rost dünn mit Öl bestrichen werden. So können sich die Poren schnell schließen, und das Grillgut bleibt schön saftig. Falls das Grillgut jedoch in einer ölhaltigen Marinade eingelegt war, müssen Sie es vor dem Auflegen nicht noch einmal mit dem Öl bestreichen.

Fleisch vorbereiten und marinieren
Alle Fleischstücke müssen zunächst gewaschen und mit Küchenkrepp trockengetupft werden. Anschließend wird das Fleisch oft mariniert – und das hat folgenden Sinn: Zum einen erhält das Fleisch durch die Marinade einen besonders würzigen Geschmack, zum anderen wird es durch das Einlegen zarter. Übrigens, wenn die Befürchtung besteht, daß die Rindersteaks vielleicht nicht so zart sein könnten wie vom Metzger angepriesen, sollten Sie sie für etwa 1 Stunde in frischen(!) Ananassaft einlegen. Die Enzyme im Saft machen das Fleisch zart, weil sie die Fleischzellen teilweise aufschließen.
Eine Grillmarinade wird in der Regel aus Öl und verschiedenen Gewürzen und/oder Kräutern komponiert. In diesem Buch finden Sie die verschiedensten Marinaden direkt bei den einzelnen Rezepten. Nachfolgend haben wir für Sie zusätzlich noch eine Standardmarinade für eigene Rezeptkreationen aufgeschrieben.

Grundrezept für milde Grillmarinade

1/8 l Pflanzenöl
1/2 TL grob gemahlener schwarzer Pfeffer
1 kleines Lorbeerblatt
etwas Salz
1 gehackte kleine Zwiebel
1 zerdrückte Knoblauchzehe

1. Alle angegebenen Zutaten gut miteinander verrühren.
2. Das Fleisch in eine flache Schale legen und die Marinade darübergießen. Das Fleisch zugedeckt etwa 12 Stunden im Kühlschrank marinieren. Es während dieser Zeit mehrfach wenden, damit die Marinade von allen Seiten einziehen kann.
3. Nach der Marinierzeit die Fleischstücke gut abtropfen lassen, bevor sie auf den Grill kommen. Die Marinade kann aufgefangen und während des Grillens zum Einpinseln des Fleisches genommen werden.

Durch das Hinzufügen von Kräutern, Senf, Tomatenmark, Wein oder höherprozentigem Alkohol nach Wahl (z.B. Sherry, Cognac oder Wacholderschnaps) können Sie den Geschmack der Marinade Ihren persönlichen Wünschen anpassen.
Wichtig beim Marinieren ist es, daß man das Fleisch mit Frischhaltefolie zudeckt und es während der Marinierzeit öfter wendet. Übrigens, die Marinade zieht bei Zimmertemperatur schneller in das Gargut ein als bei Kühlschranktemperatur. Deshalb ist die Marinierzeit von leicht verderblichen Lebensmitteln oft recht lang, da diese im Kühlschrank durchziehen müssen.
Nach dem Marinieren müssen Sie das Fleisch immer gut abtropfen lassen, damit später kein Fett in die heiße Glut tropfen kann.

Fleisch und Fisch würzen
Grundsätzlich sollten weder Fleisch noch Fisch vor oder während des Grillens gewürzt werden. Eine Ausnahme ist das Bestreichen mit Ölmarinade. Gerade Salz trocknet das Grillgut zu schnell aus, und dies wird hart. Gewürze können beim Grillen leicht verbrennen und so einen unangenehm scharfen Beigeschmack verursachen.

Aroma durch Kräuter
Besonders aromatisch wird das Grillgut, wenn Sie während des Grillens einige Kräuter (frisch oder getrocknet) direkt auf die Glut streuen.

Der richtige Abstand zur Glut

Der richtige Abstand zwischen der Hitzequelle und dem Grillrost ist nicht nur entscheidend für die Länge der Grillzeit, sondern auch für die mögliche Aufnahme von Schadstoffen. Ist der Abstand zu groß, dauert der Grillvorgang sehr lange, und das Fleisch wird trokken. Dafür lagern sich relativ wenige Schadstoffe am Fleisch ab.
Ist der Abstand zu klein, kann das Grillgut leicht verbrennen, und es lagern sich viele Schadstoffe aus dem Rauch ab.
Deshalb sollte auf den goldenen Mittelweg geachtet und der Rost gegebenenfalls während des Grillens in der Höhe verstellt werden. Als Faustregel kann gelten: Bei kleineren Fleischstücken sollte der Abstand zwischen Glut und Rost 10 bis 15 cm, bei größeren Stücken 20 bis 30 cm betragen. Als günstig hat sich auch folgende Grilltechnik erwiesen: Das Grillgut dicht über der Glut anbraten, dann den Rost höherstellen und das Grillgut fertiggaren.

Fleisch richtig wenden

Sticht man in ein noch nicht fertig gegartes Stück ein, tritt Fleischsaft aus, und das Fleisch wird trocken. Verwenden Sie daher zum Wenden immer eine Grillzange oder zwei Pfannenwender, niemals eine Fleischgabel.

Garprobe

Ganz einfach ist es nicht, festzustellen, ob das Fleisch, das Hähnchenstück, der Fisch oder das Gemüse schon gar sind. Bei Fleisch empfiehlt es sich, mit einem Pfannenwender leicht auf das Stück zu drücken. Gibt es nicht mehr nach, ist es durch. Soll z.B. ein Rindersteak nur „medium" (also innen noch rosa) sein, dann muß es auf Druck noch etwas nachgeben.
Bei Geflügelfleisch ist es sehr wichtig, daß es durch und durch gar ist, denn sonst können sich noch eventuell vorhandene Salmonellen darin befinden. Um den Garzustand festzustellen, stechen Sie am besten direkt neben dem Gelenk der Keule in das Fleisch. Tritt nur noch klarer Fleischsaft aus, ist das Geflügelstück durch. Dann lassen sich auch die Knochen ganz leicht vom Fleisch lösen, und es weist keine rosafarbenen Stellen mehr auf.
Den Garzustand von Fisch prüft man am besten, indem man das Fleisch mit einem kleinen Messer vorsichtig etwas auseinanderschiebt. Ist es glasig-weiß, ist der Fisch gar und kann sofort serviert werden.

Bei Gemüse kann man mit einem kleinen Messer hineinstechen. Geht dies leicht, dann ist das Gemüse gar. Gut schmeckt aber auch bißfest gegrilltes Gemüse. Probieren Sie es einmal aus!

Umgang mit dem großen Grillspieß

Der große Grillspieß eignet sich gut für alle besonders großen Fleischstücke, die eine lange Garzeit haben. Damit das Fleisch außen nicht zu dunkel wird, innen aber noch roh ist, wird es auf dem Drehspieß permanent gedreht und gart gleichmäßig. Wichtig ist, daß das Fleischstück genau mittig aufgespießt (der Spieß also keine Umwucht aufweist) und gut mit den Halteklammern befestigt wird. Vor dem Grillen sollten Sie das Fleisch immer mit Öl bestreichen und dies auch während der gesamten Grillzeit tun, damit das Fleisch schön saftig bleibt.

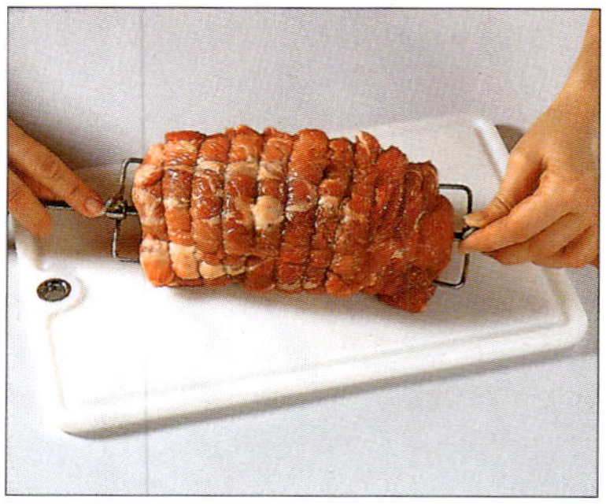

Wir feiern eine Grillparty

Grillpartys zählen mit zu den schönsten sommerlichen Geselligkeiten; schon deshalb, weil alles zwanglos zugeht und ausreichend Zeit für Gespräche in geselliger Runde ist, denn Hausfrau und Hausmann sind ja nur teilweise am Grill beschäftigt. Außerdem lassen sich Grillfeste im Freien ohne allzu großen Aufwand vorbereiten. Der sonst übliche Streß bei Essenseinladungen entfällt. Ganz ohne Planung geht es natürlich nicht. Es sei denn, die Idee, ein Grillfest zu veranstalten, kommt ganz spontan, und jeder bringt die Speisen, Getränke und Lebensmittel zum Grillen mit, die er gerade hat. Nachfolgend finden Sie einen kleinen allgemeinen Organisationsplan für ein Grillfest, der Ihnen bei der Planung behilflich sein soll.

Die Getränke
Bei der Besorgung der Getränke sollten Sie sowohl an Alkoholisches als auch an Alkoholfreies (für Kinder, Autofahrer oder „Abstinenzler“) denken. Man rechnet etwa 1½ l Flüssigkeit pro Person, wobei es bei einem langen und schwülen Grillabend auch einmal mehr sein kann.

Die Dekoration
Schon mit wenigen Handgriffen läßt sich eine stimmungsvolle und attraktive Dekoration zaubern. Falls Ihr Grillfest abends stattfinden soll, können Sie beispielsweise einige Glasschälchen mit Wasser füllen und bunte Schwimmkerzen hineinlegen. Hübsch sind auch verschiedene Windlichter sowie Gartenfackeln. Planen Sie Ihr Grillfest für den Nachmittag, dann können Sie mit bunten Tischdecken und einem Wiesenstrauß eine festliche Atmosphäre schaffen.

Organisationsplan

2 Wochen vorher
Teilnehmerkreis festlegen, Einladungen (mit Bitte um Rückantwort) verschicken.

5 Tage vorher
Speisen- und Getränkeauswahl treffen und Einkaufsliste schreiben. Fleisch, Fisch und Brot vorbestellen. Grill auf Funktionstüchtigkeit prüfen. Kohle und Anzünder oder Gas besorgen. Grillzubehör (siehe Seite 10) auf Vorhandensein prüfen; eventuell fehlendes besorgen. Vorrat an Tellern, Besteck, Gläsern, Servietten, Tischen und Stühlen überprüfen. Eventuell fehlende Teile bei Bekannten oder Nachbarn ausleihen.

2 Tage vorher
Getränke, Gartenfackeln oder Windlichter und länger haltbare Lebensmittel besorgen.

1 Tag vorher
Frische Lebensmittel (Fleisch, Geflügel, Fisch, Gemüse, Obst) einkaufen. Marinaden zubereiten und das Grillgut eventuell schon einlegen (siehe jeweils im Rezept). Grillsaucen zubereiten und zugedeckt kühl lagern. Getränke einkühlen.

6 Stunden vor der Party
Brot einkaufen. Grillgerichte grillfertig zubereiten, auf Tellern oder Platten anrichten und zugedeckt kühl stellen. Beilagen grillfertig oder ganz (z.B. Salate) zubereiten und zugedeckt kühl lagern.

2 Stunden vor der Party
Gläser, Geschirr, Servietten und Besteck sowie Tische und Stühle bereitstellen. Für die Dekoration sorgen.

Kurz vor Beginn der Party
Grill anzünden. Grillgut, Beilagen, Saucen und Gewürze sowie Getränke bereitstellen.

Vorschläge für Grillpartys

Besonders nett sind Grillabende, die unter einem bestimmten Motto stehen.

Asiatisches Grillfest
Bei einem Asien-Grillfest können Sie zum Beispiel Exotische Grillspießchen (Seite 29), Curryhähnchen (Seite 51) oder Hähnchenkeulen „Exotic" (Seite 54), Seeteufelspieße „Asia" (Seite 75), Thailändische Sauce (Seite 113), Mangochutney (Seite 114), Reissalat (Seite 98) und Baguette anbieten. Dazu passen trockener Weißwein und Pflaumenwein.

Amerikanisches Barbecue
Hier bieten sich z.B. Marinierte T-Bone-Steaks (Seite 27), Spareribs (Seite 35), Maiskolben mit dreierlei Würzbutter (Seite 102), Folienkartoffeln mit dreierlei Dips (Seite 92), Sommersalat (Seite 96), Barbecuesauce (Seite 108), Knoblauchsauce (Seite 112), Weißbrot und Bier an.

Fischerabend
Er gilt als besonderer Clou. Serviert wird alles rund um den Fisch, z.B. Rotbarben mit Kräutern (Seite 64) oder Gefüllte Makrelen (Seite 67), Aalspieße (Seite 73), Garnelenspieße (Seite 77), Knoblauchsauce (Seite 112), Kräuterdip (Seite 110) und Baguette sowie trockener Weißwein.
Sie sehen, es gibt viele nette Ideen, das Grillfest unter ein bestimmtes Motto zu stellen. Probieren Sie es einmal aus, Ihre Gäste werden begeistert sein.

Hinweise zu den Rezepten

● Bei jedem Rezept ist die Anzahl der Portionen angegeben. Bis auf wenige Ausnahmen gelten die Rezepte für **4 Portionen.** Falls Sie einmal eine größere Grillparty planen, können Sie die Zutatenmengen in der Regel problemlos auf mehr Portionen hochrechnen.

● Die **Mengenangaben von Obst und Gemüse** beziehen sich immer auf die ungeputzte Rohware. Sie können die Zutaten daher ganz einfach nach den im Rezept angegebenen Mengen einkaufen.

● Beim **Fleisch- und Fischeinkauf** empfiehlt es sich, die gewünschten Fleischstücke beim Metzger bzw. Fischhändler vorzubestellen, denn nicht alles ist zu jeder Zeit vorrätig (z.B. Kalbskoteletts, Spareribs, Lammkoteletts und T-Bone-Steaks oder Aal und Brassen).

● Die bei jedem Rezept angegebene **Zubereitungszeit** beinhaltet sowohl die Vorbereitungszeit (waschen, putzen, schälen etc.) als auch die Garzeit. Sonstige Zeiten, wie z.B. Marinier- oder Ruhezeiten, sind extra ausgewiesen und müssen zur Zubereitungszeit hinzugerechnet werden. Alle Zeitangaben basieren auf durchschnittlichen Erfahrungswerten.

● Gerade bei Grillrezepten ist es sehr schwierig, genaue **Grillzeiten** anzugeben. Sowohl die Art des verwendeten Grills, die Menge der Kohle, der Glühzustand, die Plazierung des Grillgutes auf dem Rost und der Abstand zwischen Glut und Grillrost als auch die Qualität des Grillgutes haben erheblichen Einfluß auf die Länge der Grillzeit. Deshalb können die bei den Rezepten angegebenen Zeiten stets nur Richtwerte sein. Es empfiehlt sich, das Grillgut während des Garens immer im Auge zu behalten und kurz vor Ablauf der im Rezept angegebenen Grillzeit eine Garprobe (siehe Seite 18) zu machen.

● Die in den Rezepten für Grillspießchen angegebene **Spießanzahl** ist nur ein Richtwert. Im Handel gibt es nämlich eine Vielzahl verschiedenlanger Spieße, und außerdem hängt die Anzahl der nötigen Spieße auch stark davon ab, wie voll bzw. eng man sie bestückt.

● Bei jedem Rezept für ein Hauptgericht finden Sie auch **Beilagenvorschläge.** Zum Teil sind dies Beilagen und Saucen aus den betreffenden Kapiteln des Buches, zum Teil handelt es sich aber auch um einfache Beilagen, für die kein Extra-Rezept benötigt wird.
Falls sowohl das Hauptgericht als auch die Beilage gegrillt werden muß, beachten Sie bitte die meist unterschiedlichen Garzeiten, damit beides später auch gleichzeitig fertig ist.

Abkürzungsverzeichnis

TL	=	Teelöffel (gestrichen)
EL	=	Eßlöffel (gestrichen)
Msp.	=	Messerspitze
g	=	Gramm (1000 g = 1 kg)
kg	=	Kilogramm
ml	=	Milliliter (1000 ml = 1 l)
1	=	Liter
cl	=	Zentiliter (1 cl = 10 ml = 0,01 l)
ca.	=	zirka
°C	=	Grad Celsius

Gerichte mit Fleisch

*Was wäre ein Grillfest ohne Fleisch?
Die folgenden Rezepte beweisen,
daß es nicht immer nur Würstchen oder
Nackenkoteletts sein müssen,
sondern daß es viele weitere leckere
Fleischgerichte vom Grill gibt.*

Gefülltes Kalbskotelett

Zubereitungszeit: ca. 35 Minuten

Sie benötigen für 4 Portionen:

4 Kalbskoteletts à ca. 200 g
6 dünne Scheiben Salami
80 g griechischen Schafskäse (Feta)
1 kleine Zwiebel
5 EL Knoblauchbutter
1 Eigelb

So wird's gemacht:

1. Das Fleisch kurz waschen und trockentupfen. Dann in jedes Kotelett mit einem kleinen, spitzen Messer seitlich eine Tasche schneiden. (Dies können Sie auch bereits vom Metzger machen lassen.)
2. Die Salami in feine Würfel schneiden; den Schafskäse abtropfen lassen und mit den Fingern zerbröckeln. Die Zwiebel schälen und fein würfeln. Die Knoblauchbutter in einem Topf bei milder Hitze schmelzen lassen.
3. Salami, Schafskäse, Zwiebelwürfel und Eigelb untereinander gut mischen. Die Füllung mit einem Messer oder einem kleinen Löffel in die Fleischtaschen geben. Die Öffnungen mit Holzzahnstochern zustecken.
4. Die gefüllten Koteletts mit etwas flüssiger Knoblauchbutter bestreichen. Die restliche Butter in einem Schälchen zum Grillen bereitstellen.
5. Die Koteletts von jeder Seite etwa 5 Minuten grillen. Sie dabei mehrmals mit etwas Knoblauchbutter bestreichen.
(auf dem Foto: oben).

Beilagen:
Kräuterbutterkartoffeln (Seite 102) und gemischter Salat

Rinderfilet mit Kräuter-Käse-Füllung

Zubereitungszeit: ca. 35 Minuten

Sie benötigen für 4 Portionen:

100 g Blauschimmelkäse, z.B. Cambozola
1 Bund Petersilie
½ Bund Schnittlauch
½ Bund Dill
½ Kästchen Gartenkresse
4 dicke Scheiben Rinderfilet à ca. 160 g
4 Scheiben Räucherspeck
2 EL Öl
etwas Salz und schwarzen Pfeffer

So wird's gemacht:

1. Den Käse mit einer Gabel zerdrücken. Die Kräuter waschen, trockentupfen und fein hacken. Die Kresse abspülen und abschneiden. Die Kräuter mit dem Käse mischen.
2. Die Fleischscheiben waschen, trockentupfen und jeweils mit einem kleinen Messer seitlich eine Tasche hineinschneiden. (Dies können Sie auch bereits vom Metzger machen lassen.)
3. Jeweils ein Viertel der Käsemischung mit einem kleinen Löffel in eine Fleischtasche geben.
4. Die Fleischstücke seitlich mit den Speckscheiben umwickeln und diese mit Garn festbinden.
5. Das Fleisch mit dem Öl bestreichen und von jeder Seite etwa 4 Minuten grillen. Es erst dann salzen und pfeffern.
(auf dem Foto: Mitte)

Beilage:
Pilz-Zwiebel-Spieße (Seite 104)

Variationen

- Wenn Ihnen der Blauschimmelkäse zu intensiv im Geschmack ist, nehmen Sie statt dessen griechischen Schafskäse (Feta).
- Die Käse-Kräuter-Mischung eignet sich auch gut zum Füllen von Kalbskoteletts.

Rotwein-Chili-Steak

Marinierzeit: über Nacht (ca. 12 Stunden)
Zubereitungszeit: ca. 55 Minuten

Sie benötigen für 4 Portionen:

1 kleine Stange Bleichsellerie
1 Zwiebel
100 ml Rindfleischbrühe oder Rinderfond aus dem Glas
100 ml trockenen Rotwein
4 EL Tomatenmark
2 TL Worcestershiresauce
1 TL Chilisauce
4 Rumpsteaks à ca. 200 g

So wird's gemacht:

1. Den Sellerie putzen (eventuell die Fäden abziehen), waschen und in feine Scheiben schneiden. Die Zwiebel schälen und fein würfeln.
2. Die Brühe oder den Fond zusammen mit Rotwein, Tomatenmark, Worcestershiresauce, Chilisauce, Sellerie und Zwiebel aufkochen lassen. Dann alles etwa 20 Minuten offen köcheln.
3. Die Marinade abkühlen lassen und anschließend im Mixer oder mit dem Pürierstab pürieren.
4. Die Steaks waschen, trockentupfen, in eine flache Schale legen und mit der Marinade übergießen. Über Nacht zugedeckt im Kühlschrank marinieren lassen.
5. Die Steaks aus der Marinade nehmen und abtropfen lassen. Die Marinade aufheben.
6. Die Steaks von jeder Seite etwa 4 Minuten grillen. Die Marinade als Sauce dazu reichen.
(auf dem Foto: unten)

Beilagen:
Tomaten-Weißbrot-Spieße (Seite 99) und Linsensauce (Seite 113)

Tip

Es empfiehlt sich, die Fettränder der Steaks vor dem Grillen etwas einzuschneiden. So wölbt sich das Fleisch beim Garen nicht.

Gefülltes Rinderfilet

Zubereitungszeit: ca. 1 Stunde

Sie benötigen für 4 Portionen:

1 kg Rinderfilet am Stück
etwas Salz
schwarzen Pfeffer aus der Mühle
2 Scheiben Toastbrot
120 g mittelalten Gouda
1 EL gehackte Erdnußkerne
1 EL gehackten Dill
1 EL Schnittlauchröllchen
1 EL gehackte Petersilie
1 EL eingelegte Tomaten-paprikastreifen
1 EL Sojaöl

So wird's gemacht:

1. Das Filet der Länge nach mit einem Kochlöffelstiel oder einem Wetzstahl durchbohren. Das Loch etwas weiten.

2. Das Filet von allen Seiten mit Salz und Pfeffer einreiben und etwas ruhen lassen. Inzwischen das Toastbrot kurz in etwas Wasser einweichen.

3. Das Toastbrot gut ausdrücken und mit den Fingern etwas zerzupfen. Den Käse in feine Würfel schneiden. Beides mit den Erdnußkernen, den Kräutern und den gut abgetropften Tomatenpaprikastreifen verkneten. Die Füllung mit Salz und Pfeffer abschmecken.

4. Das Filet mit der Toastbrotmasse füllen. Dafür die Masse am besten mit dem Kochlöffel in die Durchbohrung stopfen. Die Öffnungen mit Holzzahnstochern zustecken.

5. Dann 1 großes Stück Alufolie mit dem Öl bestreichen, das Filet darauf legen und fest einwickeln.

6. Das gefüllte Filet unter häufigem Wenden etwa 30 Minuten grillen.

7. Vor dem Servieren das Filetstück in der Folie neben dem Grill etwa 5 Minuten ruhen lassen, damit sich der Fleischsaft besser verteilt. Dann das Fleisch auswickeln und in Scheiben geschnitten servieren.

Beilagen:
Tomaten-Weißbrot-Spieße (Seite 99) und Knoblauchsauce (Seite 112)

Tip

Wenn Sie zum Durchbohren des Fleischstücks einen Wetzstahl benutzen, sollten Sie ihn zuvor gut waschen und trockenreiben.

Mariniertes T-Bone-Steak mit Gemüse

Marinierzeit: ca. 3½ Stunden
Zubereitungszeit: ca. 1 Stunde

Sie benötigen für 4 Portionen:

- 8 EL Sojaöl
- 2 EL Sojasauce
- 2 EL Zitronensaft
- 2 EL Cognac
- 1 TL abgeriebene Schale einer unbehandelten Zitrone
- 4 Knoblauchzehen
- etwas schwarzen Pfeffer aus der Mühle
- 2 T-Bone-Steaks à ca. 650 g
- 500 g Zucchini
- 500 g Tomaten
- etwas Salz
- 1 TL getrockneten Oregano
- 1 TL Olivenöl

So wird's gemacht:

1. Sojaöl, Sojasauce, Zitronensaft, Cognac und Zitronenschale zu einer Marinade verrühren. Die Knoblauchzehen schälen, zerdrükken und dazugeben. Die Marinade mit Pfeffer abschmecken.

2. Die Steaks waschen und trockentupfen. Die Fettränder mit einem Messer mehrmals einschneiden und die Steaks in eine große, flache Schale legen.

3. Die Marinade darübergießen. Die Steaks 3 bis 4 Stunden zugedeckt bei Zimmertemperatur marinieren. Sie während dieser Zeit einmal wenden.

4. Nach der Marinierzeit die Steaks herausnehmen und gut abtropfen lassen. Die Zucchini waschen, putzen und in fingerdicke Scheiben schneiden. Diese etwa 20 Minuten in der Marinade ziehen lassen.

5. Inzwischen die Tomaten waschen und die Stielansätze keilförmig herausschneiden. Die Einschnitte mit Salz, Oregano und Pfeffer würzen und mit dem Olivenöl beträufeln.

6. Die Zucchinischeiben aus der Marinade nehmen und gut abtropfen lassen. Sie dann zusammen mit den Tomaten in große Alugrillschalen legen.

7. Die Steaks zunächst von einer Seite 12 bis 14 Minuten grillen. Dann die Alugrillschalen mit dem Gemüse ebenfalls auf den Rost legen, die Steaks wenden und alles weitere 12 bis 14 Minuten grillen. Die Zucchinischeiben in dieser Zeit einmal wenden.

Beilage:
Maiskolben mit dreierlei Würzbutter (Seite 102)

Rinderfiletspießchen

Zubereitungszeit: ca. 40 Minuten

Sie benötigen für 4 Portionen:

1 kleinen Zucchino
600 g Rinderfilet am Stück
8 dünne Scheiben mageren Räucherspeck
4 kleine Zwiebeln
125 g Putenleber
1 Bund Salbei
1 unbehandelte Zitrone
2 EL Olivenöl
etwas Salz und schwarzen Pfeffer

So wird's gemacht:

1. Den Zucchino waschen und putzen. Dann der Länge nach 8 sehr dünne Scheiben vom Zucchino abschneiden (den Rest z.B. für einen Salat verwenden). Das Rinderfilet waschen, trockentupfen und in 8 gleich große Würfel schneiden.
2. Jedes Rinderfiletstück zuerst mit einer Zucchino-, dann mit einer Speckscheibe umwickeln.
3. Die Zwiebeln schälen und halbieren. Die Putenleber waschen, trockentupfen und in 8 Stücke schneiden.
4. Den Salbei waschen, trockentupfen und die Blättchen von den Stielen zupfen. Die Zitrone heiß waschen, abtrocknen und in dünne Scheiben schneiden.
5. Die umwickelten Fleischstücke zusammen mit den Zitronenscheiben, den Zwiebelhälften, den Salbeiblättern und den Putenleberstücken abwechselnd auf 4 große oder 8 kleinere Spieße stecken. Mit dem Öl einpinseln.
6. Die Spieße unter mehrfachem Wenden etwa 10 Minuten grillen; dann salzen und pfeffern.
(auf dem Foto: unten)

Beilagen:
Tomaten-Weißbrot-Spieße (Seite 99), Knoblauchsauce (Seite 112) und frischer Salat

Exotische Grillspießchen

Marinierzeit: ca. 4 Stunden
Zubereitungszeit: ca. 35 Minuten

Sie benötigen für 4 Portionen:

500 g Roastbeef am Stück
1 Zwiebel
1 Knoblauchzehe
2 Ananasscheiben aus der Dose
75 ml braunen Rum
1 kleine Papaya
2 EL Weißweinessig
2 EL Pflanzenöl

So wird's gemacht:

1. Das Fleisch waschen, trockentupfen, in etwa 3 cm große Würfel schneiden und in eine Schüssel legen.

2. Die Zwiebel und die Knoblauchzehe schälen und kleinwürfeln. Die Ananasscheiben abtropfen lassen und in mundgerechte Stücke schneiden.

3. Fleisch, Knoblauch, Zwiebeln, Rum und Ananas mischen und alles zugedeckt etwa 4 Stunden bei Zimmertemperatur durchziehen lassen.

4. Danach die Papaya halbieren, schälen und die Kerne mit einem Löffel herausschaben. Das Fruchtfleisch in Würfel schneiden und zusammen mit den Fleisch- und den Ananasstücken abwechselnd auf 4 große Spieße stecken.

5. Den Essig mit dem Öl verquirlen. Die Spieße etwa 4 Minuten grillen. Sie dann wenden, mit der Essig-Öl-Marinade bestreichen und weitere 4 Minuten grillen.
(auf dem Foto: oben)

Beilagen:
Thailändische Sauce (Seite 113) und Kartoffelspießchen (Seite 105)

Schaschlik Levantiner Art

Zubereitungszeit: ca. 35 Minuten

Sie benötigen für 4 Portionen:

300 g Rinderfilet
300 g Schweinefilet
150 g mageren Bauchspeck
4 Zwiebeln
etwas Salz
schwarzen Pfeffer aus der Mühle
1 Msp. Currypulver
1 Msp. Paprikapulver edelsüß
4 EL Öl

So wird's gemacht:

1. Das Fleisch waschen, trockentupfen und in etwa 3 cm große Würfel schneiden. Den Speck in dünne Scheiben (3 x 3 cm groß) schneiden. Die Zwiebeln schälen und achteln.

2. Fleisch, Speck und Zwiebeln abwechselnd auf 4 lange Spieße stecken.

3. Etwas Salz und Pfeffer sowie Curry- und Paprikapulver mit dem Öl verrühren und die Spieße von allen Seiten damit bestreichen.

4. Die Spieße unter häufigem Wenden etwa 7 Minuten grillen.

Beilagen:
Grilltomaten (Seite 101) und Barbecuesauce (Seite 108)

Variationen

- Ersetzen Sie die Speckscheiben durch rote und/oder grüne Paprikastücke.
- Stecken Sie zusätzlich noch kleine Champignonköpfe auf die Spieße.

Bunte Fleischspieße

Marinierzeit: ca. 10 Stunden
Zubereitungszeit: ca. 50 Minuten

Sie benötigen für 4 Portionen:

200 g Rumpsteak am Stück
200 g Schweinenacken
200 g Hähnchenbrustfilet
je ½ rote, grüne und gelbe Paprikaschote
100 g kleine Champignons
2 Zwiebeln
1 rote Chilischote
1 Bund Thymian
1 EL eingelegte grüne Pfefferkörner
3 Knoblauchzehen
180 ml Olivenöl

So wird's gemacht:

1. Das Fleisch waschen, trockentupfen und in Stücke schneiden.
2. Die Paprikaschoten und die Champignons putzen und waschen. Die Zwiebeln schälen. Die Paprikaschoten und die Zwiebeln in Stücke schneiden.
3. Auf einige Spieße abwechselnd Paprikastücke, Zwiebeln, Rind- und Schweinefleisch stecken. Auf die anderen Paprikastücke, Zwiebeln, Pilze und Geflügelfleisch.
4. Die Chilischote waschen, putzen, der Länge nach halbieren und die Kerne mit einem spitzen Messer herausschaben. Die Chilischote in kleine Würfel schneiden.
5. Den gewaschenen Thymian und die Pfefferkörner fein hacken. Den Knoblauch schälen und zerdrükken. Alles mit dem Olivenöl zu einer Marinade verrühren.
6. Die Spieße in eine große, flache Schale legen und die Marinade darübergießen. Die Spieße etwa 10 Stunden zugedeckt im Kühlschrank marinieren.
7. Danach die Spieße aus der Marinade nehmen und gut abtropfen lassen. Die Marinade aufheben und zum Grillen bereitstellen.
8. Die Spieße unter häufigem Wenden etwa 10 Minuten grillen. Sie dabei öfter mit der Marinade bestreichen.

Beilagen:
Kopfsalat, Bruschetta (Seite 101) und Diabolosauce

Tip

Damit alle Zutaten auf den Spießchen gleichmäßig gar werden, sollten sie in etwa die gleiche Größe haben.

Gefülltes Nackensteak

Zubereitungszeit: ca. 50 Minuten

Sie benötigen für 4 Portionen:
100 g frische Pfifferlinge
1 kleine Zwiebel
50 g mageren Speck
1 EL Sojaöl
etwas Salz und schwarzen Pfeffer
1 EL gehackte Petersilie
1 TL gehackten Thymian
1 TL gehackten Estragon
4 dicke Schweinenackensteaks
à ca. 150 g
1 EL Sojaöl zum Bestreichen

So wird's gemacht:
1. Die Pilze kurz waschen, putzen und in kleine Stücke schneiden.
2. Die Zwiebel schälen und in Würfel schneiden. Den Speck ebenfalls kleinwürfeln.
3. Das Öl in einer Pfanne erhitzen und die Speck- sowie die Zwiebelwürfel darin etwa 5 Minuten bei milder Hitze dünsten. Die Pfifferlinge, etwas Salz und Pfeffer und die gehackten Kräuter dazugeben. Alles etwa 5 Minuten zugedeckt dünsten.
4. Die Steaks waschen und trokkentupfen. In die Fleischscheiben jeweils seitlich eine tiefe Tasche schneiden und die Pilzmischung mit einem kleinen Löffel hineinfüllen. Die Öffnungen mit Holzzahnstochern zustecken.
5. Die Steaks mit dem Sojaöl bestreichen und von jeder Seite etwa 6 Minuten grillen.
(auf dem Foto: oben)

Beilagen:
deftiges Bauernbrot und Barbecuegemüse (Seite 101)

Tip
Wenn gerade keine Pfifferlingsaison ist, können Sie auch auf Dosenpilze ausweichen. Diese müssen dann aber nicht mehr 5 Minuten mitgedünstet werden.

Gebeiztes Nackenkotelett

Marinierzeit: ca. 3 Stunden
Zubereitungszeit: ca. 35 Minuten

Sie benötigen für 4 Portionen:
1 Knoblauchzehe
75 ml Sojaöl
75 ml Sojasauce
3 EL trockenen Sherry
1 Msp. getrockneten Majoran
1 Msp. getrockneten Thymian
schwarzen Pfeffer aus der Mühle
1 EL gehackte Petersilie
4 Schweinenackenkoteletts
à ca. 150 g
etwas Salz

So wird's gemacht:
1. Die Knoblauchzehe schälen und zerdrücken. Öl, Sojasauce, Sherry, Knoblauch, Majoran, Thymian, Pfeffer und Petersilie zu einer scharfen Marinade verrühren.
2. Die Koteletts waschen, trockentupfen und in eine flache Schale legen. Die Marinade darübergießen und die Koteletts etwa 3 Stunden zugedeckt bei Zimmertemperatur marinieren lassen.
3. Dann die Koteletts aus der Marinade nehmen, gut abtropfen lassen und von jeder Seite etwa 6 Minuten grillen. Zuletzt die Koteletts salzen.
(auf dem Foto: Mitte)

Beilagen:
Baguette, Thailändische Sauce (Seite 113) und Speck-Zwiebel-Wickel (Seite 105)

Schweinemedaillons auf Ananas

Marinierzeit: ca. 2 Stunden
Zubereitungszeit: ca. 35 Minuten

Sie benötigen für 4 Portionen:
500 g Schweinefilet
2 EL Sojaöl
1 EL Dijonsenf
schwarzen Pfeffer aus der Mühle
1 EL Honig
1 Ananas
etwas Salz

So wird's gemacht:
1. Das Schweinefilet waschen, trockentupfen und in etwa 2 cm dicke Scheiben schneiden. Diese mit der Hand etwas flachdrücken.
2. Das Öl mit dem Senf, etwas Pfeffer und dem Honig verrühren.
3. Die Medaillons von beiden Seiten mit der Marinade bestreichen und etwa 2 Stunden zugedeckt bei Zimmertemperatur durchziehen lassen.
4. Inzwischen von der Ananas den Boden und den Schopf abschneiden und die Frucht schälen. Die Ananas in nicht zu dünne Scheiben schneiden und die harten Mittelstrünke mit einem runden Ausstecher ausstechen.
5. Die Medaillons und die Ananasscheiben von jeder Seite 3 bis 4 Minuten grillen. Anschließend die Fleischstücke salzen und auf den Ananasscheiben anrichten.
(auf dem Foto: unten)

Beilagen:
Baguette und Sommersalat (Seite 96)

Gegrillter Schweinebauch

Zubereitungszeit: ca. 30 Minuten

Sie benötigen für 4 Portionen:

8 dünne Scheiben durchwachsenen Schweinebauch à ca. 60 g
3 EL mittelscharfen Senf
1 TL geriebenen Meerrettich
Saft von 1/2 Zitrone
1 EL Sojaöl
etwas Salz
schwarzen Pfeffer aus der Mühle
1/8 l helles Bier (Pils)

So wird's gemacht:

1. Das Fleisch waschen und mit Küchenkrepp trockentupfen.
2. Den Senf mit Meerrettich, Zitronensaft und Öl sowie mit etwas Salz und Pfeffer verrühren.
3. Die Fleischscheiben mit der Mischung bestreichen. Das Bier für das Grillen in einer Schale bereitstellen.
4. Das Fleisch von jeder Seite etwa 5 Minuten grillen. Es dann mit dem Bier bestreichen und weitere 3 bis 4 Minuten grillen, bis es außen knusprig ist.
(auf dem Foto: links)

Beilagen:
Gurkensalat mit Schafskäse (Seite 96), Barbecuesauce (Seite 108) und Bauernbrot

Spareribs

Marinierzeit: 1–2 Stunden
Zubereitungszeit: ca. 35 Minuten

Sie benötigen für 4 Portionen:

2 kg Spareribs in großen Stücken
6 EL Sojasauce
4 EL Weißweinessig
3 EL Honig
1 EL Zucker
etwas weißen Pfeffer
1 Msp. Cayennepfeffer
1 EL Speisestärke

So wird's gemacht:

1. Die Spareribs waschen, trockentupfen und in 4 oder 8 Portionsstücke zerhacken oder schneiden.

2. Sojasauce, Essig, Honig und Zucker zu einer Marinade verrühren. Diese mit weißem Pfeffer und Cayennepfeffer (vorsichtig dosieren!) würzen.

3. Die Spareribs in eine flache Schale legen. Die Marinade darüberträufeln und das Fleisch 1 bis 2 Stunden zugedeckt bei Zimmertemperatur marinieren.

4. Danach die Spareribs aus der Marinade nehmen und gut abtropfen lassen. Die Marinade dabei auffangen.

5. Die Marinade in einem Topf aufkochen lassen. Die Speisestärke mit etwas kaltem Wasser glattrühren und die Marinade damit unter Rühren binden. Die Sauce in einem Schälchen bereitstellen.

6. Die Spareribs insgesamt etwa 16 Minuten grillen. Sie dabei zwischendurch mehrfach wenden. Zuletzt die fertigen Spareribs mit der Sauce bestreichen.
(auf dem Foto: rechts)

Beilagen:
Weißbrot, Linsensauce (Seite 113) und frischer Salat

Salbeimedaillonspieß

Zubereitungszeit: ca. 30 Minuten

Sie benötigen für 4 Portionen:

- 600 g Schweinefilet
- etwas weißen Pfeffer
- 24 Salbeiblätter
- 12 dünne Scheiben durchwachsenen Räucherspeck
- 16 mit Paprika gefüllte Oliven
- 4 EL Sonnenblumenöl
- etwas Salz

So wird's gemacht:

1. Das Schweinefilet waschen, trockentupfen und in 12 gleich große Scheiben schneiden. Diese mit der Hand etwas flachdrücken.
2. Die Medaillons mit etwas Pfeffer bestreuen, mit je 2 gewaschenen Salbeiblättern belegen und mit je 1 Speckscheibe umwickeln.
3. Die Medaillons abwechselnd mit den Oliven auf 4 lange Spieße stecken.
4. Die bestückten Spieße mit dem Öl bestreichen und unter mehrfachem Wenden etwa 10 Minuten grillen. Danach leicht salzen.
(auf dem Foto: oben)

Beilagen:
Maiskolben mit dreierlei Würzbutter (Seite 102) und Baguette

Variation
Statt der Oliven können Sie auch 2 Frühlingszwiebeln (in Stücke geschnitten) mit auf die Spieße stecken.

Schweinespießbraten

Marinierzeit: ca. 1 Tag
Zubereitungszeit: ca. 2 Stunden

Sie benötigen für 6 Portionen:

- 1/8 l Obstessig
- 100 g braunen Kandiszucker
- etwas Salz
- 150 g Zwiebeln
- 1 EL Senfkörner, 80 g Rosinen
- 2 EL Mangochutney
- ca. 6 EL Öl
- 1,2 kg Schweinenacken ohne Knochen

So wird's gemacht:

1. Für die Sauce den Essig mit dem Kandiszucker und etwas Salz aufkochen und bei geringer Hitze kurz köcheln lassen.
2. Die Zwiebeln schälen, in Scheiben schneiden und im Essigsud glasig dünsten.
3. Die Senfkörner und die Rosinen zum Essigsud geben. Diesen nochmals kurz aufkochen lassen, dann zugedeckt abkühlen lassen.
4. Das Mangochutney und 2 Eßlöffel des Öls in den Essigsud einrühren. Alles mindestens 24 Stunden zugedeckt im Kühlschrank durchziehen lassen.
5. Danach das Fleisch waschen, trockentupfen und mit Küchengarn zu einem länglichen Braten zusammenbinden. Den Braten mit etwas Öl bestreichen und mindestens 2 Stunden bei Zimmertemperatur durchziehen lassen.
6. Das Fleisch auf den Drehspieß stecken, mit den Halteklammern befestigen und etwa 1 1/2 Stunden grillen. Es dabei immer wieder mit etwas Öl bestreichen.
7. Kurz vor Ende der Grillzeit die Sauce aufkochen lassen und auf einem Stövchen warmhalten. Die Sauce zum Braten servieren.
(auf dem Foto: Mitte)

Beilagen:
Brötchen und gemischter Salat

Gefülltes Schweinefilet

Zubereitungszeit: ca. 40 Minuten

Sie benötigen für 4 Portionen:

- 2 Schweinefilets à ca. 400 g
- 1 EL Dijonsenf
- etwas weißen Pfeffer
- 120 g Räucherspeck
- 120 g Appenzeller
- 5 entsteinte grüne Oliven
- 1 TL Paprikapulver edelsüß
- 2 EL Sojaöl
- etwas Salz

So wird's gemacht:

1. Die Filets waschen, trockentupfen und Häute sowie Sehnen entfernen. Die Filets der Länge nach einschneiden. Die Hälften sollten hinten noch zusammenhängen.
2. Die Schnittstellen der Fleischstücke mit dem Senf bestreichen und leicht mit Pfeffer bestreuen.
3. Speck, Käse und Oliven in kleine Würfel schneiden. Alles gut mischen und mit Paprikapulver würzen.
4. Die Speckmischung auf die Schnittstellen der Filets geben. Die Filets mit dem Öl bestreichen und fest in Alufolie einwickeln.
5. Die Fleischstücke auf den Grill unter häufigem Wenden etwa 15 Minuten grillen. Dann aus der Folie nehmen, leicht salzen und in Scheiben geschnitten servieren.
(auf dem Foto: unten)

Beilagen:
Folienkartoffeln (Seite 102) und knackiger Salat

Marinierte Lammkoteletts

Marinierzeit: ca. 3 Stunden
Zubereitungszeit: ca. 30 Minuten

Sie benötigen für 4 Portionen:

12 Lammkoteletts
1 unbehandelte Orange
1 Rosmarinzweig
5 EL Metaxa oder weißen Rum
1 Msp. schwarzen Pfeffer
1 EL Olivenöl

So wird's gemacht:

1. Die Lammkoteletts waschen und trockentupfen. Die Fettränder mit einem scharfen Messer mehrmals einritzen (nicht ins Fleisch schneiden), damit sich die Koteletts beim Grillen nicht wölben.

2. Die Orange heiß waschen, trockentupfen und die Schale dünn abreiben. Dann die Orange auspressen. Den Rosmarinzweig waschen, trockentupfen und die Nadeln abzupfen.

3. Die Orangenschale und den -saft mit dem Metaxa oder dem Rum, dem Rosmarin und dem Pfeffer zu einer Marinade verrühren.

4. Die Lammkoteletts in eine flache Schale legen, mit der Marinade übergießen und etwa 3 Stunden zugedeckt bei Zimmertemperatur durchziehen lassen. Die Koteletts dabei einmal wenden.

5. Die Koteletts aus der Marinade nehmen, gut abtropfen lassen und mit dem Öl bestreichen. Sie dann von jeder Seite etwa 3 Minuten grillen.

Beilagen:
Knoblauchsauce (Seite 112), Grilltomaten (Seite 101) und Baguette

Lammkoteletts auf provencalische Art

Marinierzeit: über Nacht
(ca. 12 Stunden)
Zubereitungszeit: ca. 35 Minuten

Sie benötigen für 4 Portionen:

1 kleine Zwiebel	
5 EL Sonnenblumenöl	
¼ TL gehackten Kerbel	
¼ TL gehackten Thymian	
¼ TL gehackten Majoran	
1 EL Zitronensaft	
etwas weißen Pfeffer	
4 doppelte Lammkoteletts (Chops)	
2 Gemüsezwiebeln	
2 Zucchini	

So wird's gemacht:

1. Die Zwiebel schälen und fein würfeln. Das Öl mit Kräutern, Zitronensaft, etwas Pfeffer und Zwiebelwürfeln in einer kleinen Schlüssel zu einer Marinade verrühren.

2. Die Lammkoteletts waschen, trockentupfen und die Fettränder mit einem Messer mehrmals einschneiden (nicht ins Fleisch schneiden), damit sich die Koteletts beim Grillen nicht wölben.

3. Die Koteletts in eine flache Schale legen, die Marinade darübergießen und das Fleisch über Nacht (etwa 12 Stunden) zugedeckt im Kühlschrank durchziehen lassen.

4. Danach die Koteletts aus der Marinade nehmen und gut abtropfen lassen. Die Marinade aufheben.

5. Die Gemüsezwiebeln schälen und halbieren. Die Zucchini waschen, putzen und in 1 cm dicke Scheiben schneiden.

6. Die Zwiebelhälften und die Zucchinischeiben von jeder Seite etwa 4 Minuten in einer Alugrillschale grillen. Die Stücke dabei öfter mit der Marinade bestreichen und wenden.

7. Die Koteletts auf dem Grill etwa 8 Minuten grillen. Sie dabei mehrmals wenden und auch mit etwas Marinade bestreichen.

Beilage:
Kräuterbutterkartoffeln (Seite 102) oder Bruschetta (Seite 101)

Würzige Grillfrikadellen

Zubereitungszeit: ca. 30 Minuten

Sie benötigen für 4 Portionen:

- 1 Brötchen vom Vortag
- 4 Sardellenfilets
- 2 Zwiebeln
- 250 g gemischtes Hackfleisch (halb Rind und halb Schwein)
- 250 g frisches grobes Bratwurstbrät
- 1 EL Kapern
- 1 Ei
- etwas Salz
- schwarzen Pfeffer aus der Mühle
- 1 EL Öl

So wird's gemacht:

1. Das Brötchen etwa 5 Minuten in kaltem Wasser quellen lassen. Inzwischen die Sardellenfilets abspülen, trockentupfen und fein hacken. Die Zwiebeln schälen und in kleine Würfel schneiden.
2. Das Brötchen gut ausdrücken. Das Hackfleisch mit Bratwurstmasse, Brötchen, Sardellen, Zwiebeln, Kapern und Ei zu einem glatten Teig verkneten. Diesen kräftig mit Salz und Pfeffer würzen.
3. Aus der Hackmasse mit feuchten Händen 8 Frikadellen formen.
4. Die Frikadellen von jeder Seite etwa 5 Minuten grillen. Sie dabei nach dem Wenden mit etwas Öl bestreichen.
(auf dem Foto: oben)

Beilagen:
Baguette und Maiskolben mit dreierlei Würzbutter (Seite 102)

Variation

Füllen Sie die Frikadellen mit griechischem Schafskäse (Feta). Dafür mit dem Daumen in jede geformte Frikadelle eine Mulde drücken, jeweils 1 kleinen Fetawürfel hineingeben und die Mulde wieder schließen. Der Feta darf nicht mehr zu sehen sein.

Ćevapčiči

Zubereitungszeit: ca. 25 Minuten

Sie benötigen für 4 Portionen:

- 2 Knoblauchzehen
- 500 g Rinderhackfleisch
- 1 TL Selleriesalz, groben Pfeffer
- 2–3 Spritzer Tabasco
- 2 EL Sonnenblumenöl

So wird's gemacht:

1. Die Knoblauchzehen schälen und zerdrücken. Das Hackfleisch sehr pikant mit Knoblauch, Salz, Pfeffer und Tabasco (vorsichtig dosieren!) würzen und zu einer glatten Masse verkneten.
2. Aus der Fleischmasse mit feuchten Händen etwa 8 cm lange und daumendicke Röllchen formen.
3. Die Fleischröllchen mit dem Öl bestreichen und in etwa 6 Minuten knusprig grillen. Sie dabei mehrmals wenden.
(auf dem Foto: Mitte)

Beilagen:
Gemüsesalat mit Schafskäse (Seite 96), Kräuterbutterkartoffeln (Seite 102) und Kräuterdip (Seite 110)

Variationen

- Ersetzen Sie die Hälfte des Rinderhacks durch Lammhack.
- Geben Sie noch 1 feingeriebene kleine Zwiebel an die Hackfleischmasse.
- Besonders würzig werden die Röllchen, wenn Sie 1 Teelöffel getrockneten Thymian an die Hackfleischmasse geben.
- Mit dem Hackteig können Sie auch Hackspieße herstellen. Dafür die Hackmasse zu langen Röllchen formen, die etwa 6 cm kürzer als die Spieße sind. Jeweils 1 Spieß der Länge nach in ein Röllchen drücken und die Hackmasse so mit den Fingern zusammendrücken, daß sie den Spieß fest umschließt.

Fleischbällchen-Tomaten-Kebab

Zubereitungszeit: ca. 35 Minuten

Sie benötigen für 4 Portionen:

- 2 EL Semmelbrösel
- 4 EL Milch, 1 EL Öl
- 1 kleine Zwiebel
- 400 g Rinderhackfleisch
- 1 Ei
- etwas Salz und schwarzen Pfeffer
- 1 Msp. Paprikapulver edelsüß
- 12 Kirschtomaten

So wird's gemacht:

1. Die Semmelbrösel mit der Milch und dem Öl verrühren und etwa 10 Minuten quellen lassen. Inzwischen die Zwiebel schälen und in feine Würfel schneiden.
2. Das Hackfleisch mit dem Ei, der Semmelbröselmischung und den Zwiebelwürfeln verkneten. Die Masse mit Salz, Pfeffer und Paprikapulver pikant abschmecken.
3. Aus der Hackfleischmasse mit feuchten Händen walnußgroße Bällchen formen. Die Kirschtomaten waschen und trockentupfen.
4. Hackfleischbällchen und Tomaten abwechselnd auf 4 große Spieße stecken.
5. Den Grillrost mit Alufolie belegen oder Alugrillschalen verwenden. Die Spieße unter mehrfachem Wenden in etwa 7 Minuten knusprig braun grillen.
(auf dem Foto: unten)

Beilagen:
Gurkensalat mit Schafskäse (Seite 96)

Variationen

- Statt des Rinderhackfleisches können Sie für dieses Gericht auch Lammhackfleisch nehmen. Die Bällchen schmecken dann besonders würzig.
- Kräuterfans können noch 1 Teelöffel getrockneten Thymian unter den Hackteig kneten.

Bratwurst mit Schuß

Marinierzeit: ca. 15 Minuten
Zubereitungszeit: ca. 20 Minuten

Sie benötigen für 4 Portionen:

4 frische Bratwürste
1 EL eingelegte grüne Pfefferkörner
8 cl Wacholderschnaps
1 EL Sojaöl

So wird's gemacht:

1. Die Würste mit einer Nadel mehrmals einstechen. Den Pfeffer mit einer Gabel zerdrücken und mit dem Wacholderschnaps mischen.
2. Die Würste in eine flache Schale legen, mit der Schnapsmischung übergießen und zugedeckt etwa 15 Minuten ziehen lassen. Die Würste dabei mehrmals wenden.
3. Die Würste aus der Marinade nehmen, gut trockentupfen und mit dem Öl bestreichen.
4. Die Bratwürste von allen Seiten knusprig braun grillen.

Beilagen:
Roggenbrot, Diabolosauce (Seite 110) und gemischter Salat

Variation

Hübsch sieht es aus, wenn Sie die eingelegten Würste zu Schnecken drehen und diese jeweils auf einen langen Spieß stecken. Für diese Variation dürfen die Bratwürste aber nicht zu dick sein, sonst lassen sie sich nicht zusammenrollen.

Pikante Wurstschnecke

Zubereitungszeit: ca. 35 Minuten

Sie benötigen für 4 Portionen:

3 TL Dijonsenf
2 EL Tomatenketchup
2 EL trockenen Weißwein
2 TL Rinderfond
1 Msp. Cayennepfeffer
etwas Salz
1 säuerlichen Apfel
1 mittelgroße Zwiebel
4 lange, dünne, grobe Bratwürste à 200 g

So wird's gemacht:

1. Den Senf mit Ketchup, Wein, Fond, Cayennepfeffer (vorsichtig dosieren!) und Salz verrühren. Die Sauce in einem Schälchen zum Grillen bereitstellen.

2. Den Apfel schälen, vierteln, entkernen und in feine Spalten schneiden. Die Zwiebel schälen und in 12 Stücke schneiden.

3. Jede Bratwurst zu einer Schnecke zusammenrollen und diese auf einen langen Spieß stecken. Die Zwiebel- und die Apfelstücke jeweils zwischen die Wurstwindungen stecken.

4. Die Wurstschnecken von jeder Seite etwa 6 Minuten grillen. Sie dabei mehrmals mit der Senfsauce bestreichen.

Beilagen:
Curry-Joghurt-Sauce (Seite 109) und Baguette

Marinierte Herzspieße

Quellzeit: ca. 30 Minuten
Marinierzeit: ca. 2 Stunden
Zubereitungszeit: ca. 50 Minuten

Sie benötigen für 4 Portionen:

- 50 g getrocknete rote Chilischoten
- 1 kg Rinderherz
- 1/8 l Sojaöl
- Saft von 2 Zitronen
- 1/2 TL groben schwarzen Pfeffer
- 2 grüne Paprikaschoten
- etwas Salz

So wird's gemacht:

1. Die Chilischoten in einer Schüssel mit kochendem Wasser übergießen und etwa 30 Minuten quellen lassen.
2. Inzwischen das Herz von Haut, Sehnen und Röhren befreien, waschen, trockentupfen und in mundgerechte Würfel schneiden.
3. Die Chilischoten abgießen (die Flüssigkeit nicht weiter verwenden) und mit dem Öl, dem Zitronensaft und dem Pfeffer gut verrühren. Die Herzwürfel in dieser Mischung etwa 2 Stunden zugedeckt bei Zimmertemperatur ziehen lassen.
4. Die Paprikaschoten putzen, waschen und in mundgerechte Stücke schneiden.
5. Die Herzwürfel aus der Marinade nehmen und gut abtropfen lassen. Die Marinade fürs Grillen bereitstellen.
6. Die Paprikastreifen abwechselnd mit den Fleischwürfeln auf 4 große oder 8 kleine Spieße stecken.
7. Die Spieße unter häufigem Wenden etwa 20 Minuten grillen. Sie dabei mehrmals mit der Marinade bestreichen. Das Fleisch vor dem Servieren leicht salzen.
(auf dem Foto: rechts)

Beilagen:
Kräuterbutterkartoffeln (Seite 102) und Barbecuegemüse (Seite 101)

Variation

Nach dem gleichen Rezept können Sie auch Leberspieße (mit Rinderleber) zubereiten. Die Grillzeit beträgt dann 10 bis 12 Minuten.

Tip

Getrocknete Chilischote erhält man am besten in Asienläden oder in Feinkostabteilungen großer Lebensmittelgeschäfte. Ersatzweise können Sie für dieses Rezept aber auch 1 Eßlöffel Chilipulver nehmen.

Leber mit Apfelscheiben

Zubereitungszeit: ca. 30 Minuten

Sie benötigen für 4 Portionen:

- 4 Scheiben Rinderleber à ca. 150 g
- 3 TL Olivenöl
- 2 große säuerliche Äpfel (z.B. Boskoop)
- etwas Salz
- etwas weißen Pfeffer

So wird's gemacht:

1. Die Leberscheiben von beiden Seiten mit etwas Öl bestreichen und einige Minuten ruhen lassen.
2. Inzwischen die Äpfel schälen, die Kerngehäuse ausstechen und das Fruchtfleisch in nicht zu dünne Scheiben schneiden.
3. Die Leberscheiben von jeder Seite 3 bis 4 Minuten grillen. Die Apfelscheiben auf ein Stück leicht mit Öl bestrichener Alufolie legen und von jeder Seite 2 bis 3 Minuten grillen.
4. Die Leber nach dem Grillen mit Salz und Pfeffer würzen und mit den Apfelscheiben belegen.
(auf dem großen Foto rechts)

Beilage:
Baguette oder Folienkartoffeln (Seite 102)

Gerichte mit Geflügel und Wild

In diesem Kapitel finden Sie zartes, bekömmliches Geflügelfleisch in Variationen, die auch Feinschmecker begeistern werden, sowie Erlesenes mit Wildfleisch.

Knoblauchhähnchen

Zubereitungszeit: ca. 1 ¼ Stunden

Sie benötigen für 4 Portionen:

6 Knoblauchzehen
9 EL Olivenöl
2 unbehandelte Zitronen
4 Estragonzweige
2 Bund Petersilie
2 küchenfertige Hähnchen à ca. 1000 g
etwas Salz
etwas weißen Pfeffer

So wird's gemacht:

1. Die Knoblauchzehen schälen, in dünne Scheiben schneiden und mit 1 Eßlöffel Öl beträufeln.

2. Die Zitronen waschen, trockenreiben und die Schale abreiben. Dann die Zitronen auspressen.

3. Den Estragon und die Petersilie waschen, trockentupfen und die Blättchen von den Stielen zupfen. Die Kräuter grob hacken.

4. Die Kräuter mit der Knoblauch-Öl-Mischung, der Zitronenschale, der Hälfte des Zitronensafts und 5 Eßlöffeln Öl zu einer Paste verrühren.

5. Die Hähnchen waschen, trockentupfen und mit einer Geflügelschere jeweils in 4 Stücke zerteilen.

6. Bei jedem Fleischstück mit den Fingern vorsichtig an den Schnittstellen unter die Haut fahren und diese etwas lösen. Gut die Hälfte der Kräuterpaste mit einem Pinsel unter die Haut streichen. Die restliche Kräuterpaste zum Grillen beiseitestellen.

7. Etwas Salz und Pfeffer mit den restlichen 3 Eßlöffeln Öl und dem restlichen Zitronensaft verrühren. Die Hähnchenteile mit der Hälfte dieses Würzöls von allen Seiten bestreichen.

8. Die Fleischstücke ungefähr 30 Minuten grillen. Sie dabei mehrmals wenden und mit dem restlichen Würzöl bestreichen. Kurz vor Ende der Grillzeit die restliche Kräuterpaste auf die Hähnchenteile streichen.

Beilagen:
Tomatensalat und Baguette

Barbecuehähnchen

Zubereitungszeit: ca. 1 ¼ Stunden

Sie benötigen für 4 Portionen:

2 Fleischtomaten
2 Zwiebeln
100 ml Sonnenblumen- oder Erdnußöl
etwas Cayennepfeffer
etwas Salz
schwarzen Pfeffer aus der Mühle
2 EL Zucker
1 EL Rosenpaprikapulver
1 EL mittelscharfen Senf
2 küchenfertige Hähnchen à ca. 1000 g

So wird's gemacht:

1. Die Tomaten überbrühen, abschrecken und enthäuten. Dann die Tomaten vierteln, entkernen und in Würfel schneiden. Die Zwiebeln schälen und fein würfeln.

2. Das Öl in einer Pfanne erhitzen und die Zwiebeln darin glasig dünsten. Tomaten, Gewürze und Senf dazugeben. Die Sauce sämig einköcheln lassen.

3. Anschließend die Sauce mit dem Pürierstab oder im Mixer fein pürieren und bereitstellen.

4. Die Hähnchen mit der Geflügelschere vierteln, innen und außen gut waschen und trockentupfen.

5. Die Hähnchen mit den Innenseiten nach unten in Alugrillschalen legen und zunächst etwa 20 Minuten grillen. Sie während dieser Zeit häufig mit der Tomatensauce bestreichen.

6. Die Hähnchen grillen. Sie auch während dieser Zeit recht häufig mit der Tomatensauce bestreichen.

Beilage:

Barbecuegemüse (Seite 101)

Rosmarinhähnchen mit Mais

Marinierzeit: ca. 1 Stunde
Zubereitungszeit: ca. 45 Minuten

Sie benötigen für 4 Portionen:

1 küchenfertiges Hähnchen
à ca. 1200 g
2 EL gemahlenen Rosmarin
etwas Salz
5 EL Sonnenblumenöl
4 frische Maiskolben
2 EL Sojaöl
2 EL gerebelten Rosmarin
für die Glut

So wird's gemacht:

1. Das Hähnchen waschen, trockentupfen und mit der Geflügelschere in acht Teile zerlegen.
2. Den gemahlenen Rosmarin mit wenig Salz und dem Sonnenblumenöl verrühren. Alle Fleischteile damit von allen Seiten bestreichen.
3. Die Hähnchenstücke in eine flache Schale legen und etwa 1 Stunde zugedeckt bei Zimmertemperatur marinieren.
4. Nach der Marinierzeit die Maiskolben waschen, trockentupfen und mit dem Sojaöl einpinseln.
5. Die Hähnchenteile in die Mitte des Grills, die Maiskolben an die Seiten legen. Alles etwa 15 Minuten grillen.
6. Die Kräuter nach und nach in die Glut streuen. Das Fleisch und den Mais wenden und alles weitere 15 Minuten grillen.
(auf dem Foto: oben)

Beilage:
Baguette

Curryhähnchen

Marinierzeit: ca. 2 Stunden
Zubereitungszeit: ca. 45 Minuten

Sie benötigen für 4 Portionen:

2 große Stücke frischen Ingwer
à ca. 20 g
4 Eigelb
100 ml Sojaöl
etwas Salz
etwas weißen Pfeffer
6 EL Currypulver
4 EL flüssigen Honig
4 TL Korianderkörner
8 Hähnchenkeulen
à ca. 180 g

So wird's gemacht:

1. Den Ingwer schälen und fein reiben. Ihn dann mit den Eigelben, dem Öl sowie etwas Salz und Pfeffer im Mixer oder mit dem Pürierstab cremig aufschlagen. Das Currypulver, den Honig und die leichtzerdrückten Korianderkörner hineinrühren.
2. Die Hähnchenkeulen kurz waschen, trockentupfen, von allen Seiten mit Salz und Pfeffer bestreuen und mit der Currypaste bestreichen.
3. Die Geflügelteile etwa 2 Stunden zugedeckt bei Zimmertemperatur marinieren. Dann die Paste mit einem Pinsel von den Geflügelteilen in ein Schälchen abstreichen. Die Paste bereitstellen.
4. Vier Alugrillschalen auf den heißen Grill legen und das Fleisch hineinlegen.
5. Die Hähnchenteile von jeder Seite etwa 15 Minuten grillen. Sie währenddessen häufig mit der Currypaste bestreichen.
(auf dem Foto: unten)

Beilagen:
gemischter Salat, Baguette und Mangochutney (Seite 114)

Hähnchenschenkel „Tokio“

Marinierzeit: ca. ½ Stunde
Zubereitungszeit: ca. 35 Minuten

Sie benötigen für 4 Portionen:

8 kleine Hähnchenschenkel
à ca. 180 g
6 EL Sojasauce
8 EL trockenen Sherry
5 EL Honig
1 EL Ingwerpulver
1 TL Knoblauchpulver

So wird's gemacht:

1. Für die Marinade die Sojasauce mit Sherry und Honig sowie Ingwer- und Knoblauchpulver glattrühren. In eine flache Schale gießen.

2. Die Hähnchenschenkel waschen, trockentupfen und in die Marinade legen. Die Fleischstücke etwa ½ Stunde zugedeckt bei Zimmertemperatur in der Marinade ziehen lassen. Sie während dieser Zeit mehrfach wenden.

3. Nach der Marinierzeit die Keulen gut abtropfen lassen. Die Marinade dabei auffangen und beiseite stellen.

4. Die Hähnchenschenkel 20 bis 25 Minuten unter mehrfachem Wenden grillen. Sie zusammen mit der Marinade servieren.

Beilagen:
gemischter Salat und Baguette

Glasierter Hähnchenschenkel

Zubereitungszeit: ca. 1 Stunde

Sie benötigen für 4 Portionen:

4 große Hähnchenschenkel
à ca. 250 g
3 Schalotten
1 Bund Koriandergrün
etwas Salz
8 EL Öl
4 EL mildes Mangochutney
½ TL gehackten, frischen Ingwer
½ TL Currypulver
etwas weißen Pfeffer
Saft von ½ Zitrone

So wird's gemacht:

1. Die Hähnchenschenkel waschen und gut mit Küchenkrepp trockentupfen.

2. Die Schalotten schälen. Das Koriandergrün waschen. Koriander und Schalotten fein hacken und mit etwas Salz sowie 5 Eßlöffeln Öl verrühren.

3. Mit den Fingern vorsichtig unter die Haut der Schenkel gehen, diese etwas lösen und das Kräuteröl mit einem Pinsel unter die Haut streichen.

4. Die Schenkel salzen und mit 2 Eßlöffeln Öl bestreichen.

5. Das Mangochutney zusammen mit Ingwer, Currypulver, Salz, Pfeffer, Zitronensaft und 1 Eßlöffel Öl im Mixer oder mit dem Pürierstab pürieren. Die Paste zum Grillen bereitstellen.

6. Die Hähnchenschenkel etwa 25 Minuten grillen. Sie dabei öfter wenden.

7. Kurz vor Ende der Grillzeit die Hähnchenschenkel von allen Seiten mit der Mangopaste bestreichen. Die Schenkel weitergrillen, bis sie knusprig sind.

Beilagen:
Speck-Mandel-Pflaumen (Seite 104) und Baguette

Tip

Koriandergrün bekommen Sie in gut sortierten Gemüsegeschäften oder in Asienläden. Ersatzweise können Sie aber auch Petersilie nehmen.

Hähnchenkeule „Exotic“

Zubereitungszeit: ca. 55 Minuten

Sie benötigen für 4 Portionen:

4 große Hähnchenkeulen
à ca. 180 g
etwas Salz
schwarzen Pfeffer aus der Mühle
½ TL Paprikapulver edelsüß
½ TL getrockneten Rosmarin
1 kleine Ananas
2 Birnen
1 unbehandelte Orange

So wird's gemacht:

1. Aus den Hähnchenkeulen die Knochen entfernen. Dafür bei jeder Keule entlang des Knochens einen tiefen Schnitt bis hin zu den Knochen machen. Diese mit den Fingern vorsichtig herauslösen.

2. Die Keulen von allen Seiten kräftig mit Salz, Pfeffer, Paprikapulver und Rosmarin einreiben, dann einzeln fest in Alufolie einwickeln.

3. Von der Ananas Schopf und Boden abschneiden und die Frucht schälen. Dann die Ananas der Länge nach achteln, die harten Mittelstrünke abschneiden und das Fruchtfleisch in mundgerechte Würfel schneiden.

4. Die Birnen schälen, sechsteln und die Kerngehäuse herausschneiden. Ananaswürfel und Birnenstücke abwechselnd auf lange Metallspieße stecken.

5. Die Orange heiß waschen, trockentupfen und in dünne Scheiben schneiden.

6. Die Hähnchenkeulen etwa 10 Minuten unter Wenden grillen. Dann die Obstspieße dazulegen und alles weitere 5 Minuten grillen. Die Obstspieße in dieser Zeit einmal wenden.

7. Die ausgewickelten Hähnchenkeulen zusammen mit den Obstspießen und den Orangenscheiben servieren.

Beilagen:
Weißbrot und Avocadosauce (Seite 112)

Pikante Hähnchenbrust

Marinierzeit: über Nacht
(ca. 12 Stunden)
Zubereitungszeit: ca. 35 Minuten

Sie benötigen für 4 Portionen:

4 Hähnchenbrustfilets
à ca. 200 g
1 EL Aprikosenmarmelade
1 EL Mangochutney
125 g Mayonnaise
1 TL Worcestershiresauce
2 TL mittelscharfen Senf
1 EL Zitronensaft

So wird's gemacht:

1. Die Hähnchenbrustfilets waschen, trockentupfen, halbieren und etwas flachklopfen.
2. Aprikosenmarmelade, Mangochutney, Mayonnaise, Worcestershiresauce, Senf und Zitronensaft gut miteinander verrühren.
3. Die Filets in eine flache Schale legen und die Mangosauce darübergeben. Das Fleisch zugedeckt über Nacht im Kühlschrank marinieren lassen.
4. Die Hähnchenbrustfilets aus der Sauce nehmen und diese mit einem Pinsel vom Fleisch abstreichen. Die Sauce zum Grillen bereitstellen.
5. Das Geflügelfleisch in Alugrillschalen legen und 8 bis 10 Minuten unter Wenden grillen. Es dabei öfter mit der Mangosauce bestreichen.

Beilagen:
Mangochutney (Seite 114) und Baguette

Tori Teriyaki

Marinierzeit: 1–2 Stunden
Zubereitungszeit: ca. 35 Minuten

Sie benötigen für 4 Portionen:

4 Hähnchenbrustfilets
à ca. 200 g
8 Frühlingszwiebeln
3 EL Sojasauce
3 EL trockenen Sherry
1 Msp. Zucker
1 Msp. Ingwerpulver
1 EL Öl

So wird's gemacht:

1. Die Hähnchenbrustfilets waschen, trockentupfen und jeweils diagonal 3- bis 4mal tief einschneiden.
2. Die Frühlingszwiebeln putzen, waschen und in etwa 2 cm lange Stücke schneiden. Diese der Länge nach in die Einschnitte der Hähnchenbrustfilets drücken.
3. Sojasauce, Sherry, Zucker, Ingwerpulver und Öl miteinander verrühren.
4. Die Hähnchenbrustfilets mit der Marinade bestreichen und zugedeckt 1 bis 2 Stunden bei Zimmertemperatur marinieren lassen.
5. Nach der Marinierzeit das Fleisch gut abtropfen lassen. Die Marinade dabei auffangen und zum Grillen beiseite stellen.
6. Das Fleisch von jeder Seite 8 bis 10 Minuten grillen. Es zwischendurch öfter mit der Marinade bestreichen.
(auf dem Foto: oben)

Beilagen:
Curry-Joghurt-Sauce (Seite 109) und Pilz-Zwiebel-Spieße (Seite 104)

Putenröllchen mit Gemüse

Zubereitungszeit: ca. 50 Minuten

Sie benötigen für 4 Portionen:

800 g Putenbrustfilets
2 kleine Möhren
1 Zucchino
5 EL Öl
5 EL Zitronensaft
½ TL Salz
etwas schwarzen Pfeffer
½ Bund Rosmarin
½ Bund Thymian

So wird's gemacht:

1. Die Putenbrust der Länge nach in knapp 1 cm dicke Scheiben schneiden. Die Fleischstücke zwischen zwei Lagen Frischhaltefolie legen und auf etwa ½ cm Dicke flach klopfen. Dann das Fleisch in etwa 5 cm breite und 7 cm lange Rechtecke schneiden.
2. Die Möhren und den Zucchino schälen, putzen und in etwa 4 mm dicke und 4 cm lange Streifen schneiden. Den Rosmarin und den Thymian waschen, trockentupfen und fein hacken.
3. Das Öl mit Zitronensaft, Salz, Pfeffer, Rosmarin und Thymian zu einer Marinade verrühren.
4. Das Fleisch jeweils von einer Seite mit etwas Marinade bestreichen. Immer 3 bis 4 Möhren- und Zucchinistifte auf eine Fleischscheibe leben, diese zusammenrollen und mit einem Holzzahnstocher zustecken.
5. Die Putenröllchen mit etwas Marinade bestreichen. Die restliche Marinade zum Grillen bereitstellen.
6. Die Röllchen dicht über der Glut etwa 16 Minuten braten. Sie dabei öfter wenden und mit etwas Marinade bestreichen.
(auf dem Foto: Mitte)

Beilagen:
Grilltomaten (Seite 101), Schafskäsesauce (Seite 110) und Baguette

Gefüllte Putenröllchen

Zubereitungszeit: ca. 40 Minuten

Sie benötigen für 4 Portionen:

50 g Cashewkerne
75 g griechischen Schafskäse (Feta)
6 EL Kräuterbutter
4 dünne Putenschnitzel à ca. 150 g
etwas Salz
etwas weißen Pfeffer

So wird's gemacht:

1. Die Cashewkerne grob hacken. Den Schafskäse zerbröckeln. 6 Eßlöffel der Kräuterbutter mit den Nüssen und dem Schafskäse zu einer Paste verrühren.
2. Die Putenschnitzel waschen, trockentupfen und etwas flachklopfen. Sie dann mit etwas Salz und Pfeffer bestreuen.
3. Die Nußpaste auf die Schnitzel streichen. Das Fleisch an den langen Seiten jeweils etwas nach innen einschlagen. Es dann von den schmalen Seiten her zusammenrollen und mit Holzzahnstochern zustecken.
4. Die restlichen 2 Eßlöffel Kräuterbutter bei milder Hitze schmelzen lassen und zum Grillen bereitstellen.
5. Die Putenröllchen unter häufigem Wenden und Bestreichen mit der flüssigen Kräuterbutter etwa 10 Minuten grillen.
(auf dem Foto: unten)

Beilagen:
Barbecuegemüse (Seite 101) und Vollkornbrot

Variation

Statt der Cashewkerne können Sie auch die gleiche Menge feingehackte Oliven an die Schafskäsepaste geben.

Rehsteak Hawaii

Zubereitungszeit: ca. 30 Minuten

Sie benötigen für 4 Portionen:

4 Scheiben Rehkeule à ca. 180 g
2 EL Öl
4 Scheiben Ananas aus der Dose
12 Sauerkirschen aus dem Glas
etwas Salz

So wird's gemacht:

1. Das Fleisch waschen und trokkentupfen. Die Ränder jeweils mehrfach leicht einschneiden, damit sich das Fleisch beim Grillen nicht wölbt. Es dann von beiden Seiten mit etwas Öl bestreichen.
2. Die Ananasscheiben gut abtropfen lassen. Die Kirschen ebenfalls abtropfen lassen.
3. Die Rehsteaks in Alugrillschalen von jeder Seite 6 bis 8 Minuten grillen.
4. Nach dem Wenden die Ananasscheiben ebenfalls in einer Alugrillschale kurz grillen.
5. Die Rehsteaks mit etwas Salz bestreuen und mit je 3 Ananasscheiben und 1 Sauerkirsche belegen.
(auf dem Foto: oben)

Beilage:
Sommersalat (Seite 96)

Gegrillte Entenleber

Marinierzeit: ca. 5 Stunden
Zubereitungszeit: ca. 25 Minuten

Sie benötigen für 4 Portionen:

500 g Entenlebern, ersatzweise Hähnchenlebern
4 EL Madeira
1 EL Öl
etwas Salz
etwas weißen Pfeffer

So wird's gemacht:

1. Die Entenlebern von Häuten und Äderchen befreien, waschen und trockentupfen.
2. Die Lebern in eine Schüssel geben, mit dem Madeira übergießen und etwa 5 Stunden zugedeckt bei Zimmertemperatur marinieren.
3. Dann die Lebern aus dem Madeira nehmen, abtropfen lassen und mit dem Öl bestreichen.
4. Die Lebern in einer Alugrillschale 6 bis 8 Minuten von allen Seiten grillen. Sie anschließend mit Salz und Pfeffer würzen.
(auf dem Foto: Mitte)

Beilagen:
gemischter Salat oder gegrillte Champignons (Seite 104) und Baguette

Tip
Sie können die Lebern auch auf Spießchen stecken. Lassen Sie dann die Alugrillschale weg.

Rehspießchen

Zubereitungszeit: ca. 40 Minuten

Sie benötigen für 4 Portionen:

500 g küchenfertigen Rehrücken ohne Knochen
12 Champignonköpfe
250 g mageren Räucherspeck
2 EL Öl
etwas Salz

So wird's gemacht:

1. Das Fleisch waschen, trockentupfen und in dünne Scheiben schneiden.
2. Die Champignonköpfe kurz waschen und trockentupfen. Den Speck in dünne, etwa 5 mal 5 cm große Scheiben schneiden.
3. Die Fleischscheiben abwechselnd mit den Speckscheiben und den Champignonköpfen auf 4 große Spieße stecken. Mit dem Öl bestreichen.
4. Die Spieße etwa 20 Minuten unter häufigem Wenden grillen.
(auf dem Foto: unten)

Beilagen:
Grilltomaten (Seite 101) und Baguette

Variation
Statt der Champignons können Sie auch große frische Pfifferlinge nehmen.

Gerichte mit Fisch und Meeresfrüchten

*Es muß nicht immer nur Fleisch sein!
Fisch und Meeresfrüchte
vom Grill sind besonders leicht und bekömmlich
und lassen sich so vielseitig zubereiten,
daß man der „guten alten Bratwurst“
gerne untreu wird.*

Gegrillte Forelle

Zubereitungszeit: ca. 35 Minuten

Sie benötigen für 4 Portionen:

4 küchenfertige Forellen
à ca. 350 g
etwas Salz
Saft von 1 Zitrone
12 Scheiben Räucherspeck
500 g Butterpilze
oder Austernsaitlinge
1 EL Olivenöl
1 TL Paprikapulver edelsüß

So wird's gemacht:

1. Die Forellen innen und außen waschen und gut trockentupfen. Sie dann von allen Seiten leicht salzen, mit der Hälfte des Zitronensafts beträufeln und mit den Speckscheiben umwickeln.

2. Die Pilze kurz waschen, trockentupfen und putzen. Sie mit etwas Salz bestreuen und mit dem restlichen Zitronensaft beträufeln.

3. Die Forellen einzeln in Fischdrahtkörbe legen und diese verschließen. Die Fische auf dem Rost von jeder Seite etwa 5 Minuten grillen, bis der Speck knusprig ist.

4. Inzwischen die Pilze mit dem Olivenöl beträufeln und in einer Alugrillschale 4 bis 5 Minuten grillen.

5. Die Forellen zusammen mit den Pilzen auf 4 Tellern anrichten und mit dem Paprikapulver bestreuen.

(auf dem Foto: oben)

Beilagen:

Fladenbrot und Sommersalat (Seite 96)

Variationen

- Knoblauchfans können noch je 1 geschälte und in Scheiben geschnittene Knoblauchzehe in die Bauchhöhlen der Forellen geben.
- Die Pilze schmecken besonders aromatisch, wenn Sie das Öl zum Bestreichen mit 1/2 Teelöffel getrocknetem Thymian verrühren.

Scholle vom Rost

Marinierzeit: ca. 1 Stunde
Zubereitungszeit: ca. 35 Minuten

Sie benötigen für 4 Portionen:

4 küchenfertige Schollen
à ca. 350 g
4 EL Weißweinessig
8 EL Olivenöl
1 EL Salz
1 Msp. getrockneten Thymian
1 Msp. gemahlenen Salbei
1 Msp. weißen Pfeffer
1 kleine Aubergine
2 kleine Zucchini
1 Zitrone, in Achteln

So wird's gemacht:

1. Die Schollen waschen, trockentupfen und in eine große, flache Schüssel legen.

2. Den Essig mit Öl, Salz, Thymian, Salbei und Pfeffer zu einer Marinade verrühren. Diese über die Schollen gießen.

3. Die Aubergine waschen, putzen und in dünne Scheiben schneiden. Die Zucchini waschen, putzen und in Stifte schneiden.

4. Das Gemüse zu den Schollen geben und mit der Marinade bestreichen. Alles etwa 1 Stunde zugedeckt bei Zimmertemperatur marinieren lassen. Die Fische und das Gemüse dabei öfter wenden.

5. Die Schollen und das Gemüse aus der Marinade nehmen und gut abtropfen lassen. Dann, möglichst in Alugrillschalen, von jeder Seite etwa 4 bis 5 Minuten grillen.

6. Die Schollen mit Zitronenachteln garnieren und zusammen mit dem Gemüse servieren.

(auf dem Foto: unten)

Beilagen:

Kräuterbutterkartoffeln (Seite 102) und grüner Salat

Rotbarben mit Kräutern

Zubereitungszeit: ca. 30 Minuten

Sie benötigen für 4 Portionen:

8 kleine, küchenfertige Rotbarben
à ca. 250 g
etwas Salz
etwas weißen Pfeffer
3 EL Olivenöl
1 Bund Rosmarin
1 Bund Thymian

So wird's gemacht:

1. Die Rotbarben innen und außen waschen und trockentupfen. Sie dann innen und außen leicht mit Salz und Pfeffer einreiben und mit dem Öl bestreichen.

2. Die Kräuterzweige waschen und trockentupfen. Jeden Fisch zusammen mit einem Viertel der Kräuterzweige und einigen Tropfen Öl in ein großes Stück Alufolie einwickeln. Die Folienpäckchen gut verschließen.

3. Die Fische in der Folie von jeder Seite 6 bis 7 Minuten grillen.

Beilagen:
Baguette, Knoblauchsauce (Seite 112) und Eisbergsalat

Brassen mit Petersiliensauce

Zubereitungszeit: ca. 45 Minuten
Zeit zum Durchziehen: ca. 1 Stunde

Sie benötigen für 4 Portionen:

- 4 Petersilienwurzeln
- 100 ml Gemüsebrühe
- 4 Bund Petersilie
- 5 EL Olivenöl
- etwas Salz
- etwas weißen Pfeffer
- Saft von 2 Zitronen
- 4 küchenfertige Gold- oder Meerbrassen à ca. 300 g
- 1 Zitrone, in Achteln

So wird's gemacht:

1. Für die Sauce die Petersilienwurzeln schälen und grob zerkleinern. Die Stücke in der Brühe in etwa 6 Minuten weichdünsten. Dann alles pürieren.

2. Die Petersilie waschen, trockentupfen und grob hacken. Sie danach zusammen mit 2 Eßlöffeln Öl im Mixer sehr fein pürieren.

3. Die Kräuterpaste mit dem Petersilienwurzelpüree mischen. Alles mit Salz, Pfeffer und der Hälfte des Zitronensafts kräftig abschmecken.

4. Die Petersiliensauce mindestens 1 Stunde zugedeckt durchziehen lassen. Sie dann durchrühren, nochmals abschmecken und zum Servieren beiseitestellen.

5. Die Brassen innen und außen waschen, trockentupfen und mit dem restlichen Zitronensaft sowie mit Salz und Pfeffer würzen.

6. Die Fische auf jeder Seite drei- bis viermal diagonal einschneiden und von allen Seiten mit 2 Eßlöffeln Öl einstreichen.

7. Die Brassen auf jeder Seite 6 bis 7 Minuten grillen. Sie während dieser Zeit mit dem restlichen Eßlöffel Öl bestreichen.

8. Die Brassen zusammen mit der Petersiliensauce und den Zitronenachteln servieren.

Beilagen:
Folienkartoffeln (Seite 102) und Blattsalat

Marinierte Makrele

Zubereitungszeit: ca. 35 Minuten

Sie benötigen für 4 Portionen:

4 mittelgroße, küchenfertige Makrelen à ca. 300 g
6 weiße Pfefferkörner
150 ml trockenen Rotwein
1 TL Zucker
2 EL scharfen Senf
1 TL getrockneten Rosmarin
1 TL getrockneten Thymian
etwas Salz
4 Lorbeerblätter
1 EL Öl

So wird's gemacht:

1. Die Makrelen innen und außen waschen und trockentupfen.
2. Die Pfefferkörner mit einer Gabel zerdrücken. Den Wein mit dem Zucker, dem Senf, den zerdrückten Pfefferkörnern, der Hälfte der getrockneten Kräuter und etwas Salz zu einer Marinade verrühren.
3. In jede Makrele 1 Lorbeerblatt stecken. Dann die Fische in eine große, flache Schale legen. Die Weinmarinade darübergießen und alles etwa 10 Minuten durchziehen lassen. Danach die Fische gut abtropfen lassen.
4. Die Makrelen mit dem Öl bestreichen und von jeder Seite 5 bis 8 Minuten grillen. Kurz vor Ende der Garzeit die restlichen Kräuter in die heiße Glut streuen.
(auf dem Foto: links)

Beilagen:
Bauernbrot, Avocadosauce (Seite 112) und gemischter Salat

Gefüllte Makrele

Zubereitungszeit: ca. 40 Minuten

Sie benötigen für 4 Portionen:

4 küchenfertige Makrelen à ca. 300 g
etwas Salz und weißen Pfeffer
Saft von 1 Zitrone
200 g gekochte Pellkartoffeln
1 Kästchen Kresse
2 Knoblauchzehen
50 g gemahlene Mandeln
1 EL Crème fraîche
½ TL Paprikapulver edelsüß
2 EL Sojaöl

So wird's gemacht:

1. Die Makrelen innen und außen waschen und trockentupfen. Sie dann mit Salz, Pfeffer und Zitronensaft würzen.
2. Die Kartoffeln pellen und in kleine Würfel schneiden. Die Kresse abspülen und die Blättchen abschneiden.
3. Die Knoblauchzehen schälen, fein hacken und zusammen mit den Mandeln und den Kresseblättchen unter die Kartoffeln mischen. Die Crème fraîche darunterheben und die Masse mit Salz, Pfeffer und Paprikapulver pikant abschmecken.
4. Die Fische mit der Kartoffelmasse füllen und die Bauchöffnungen zustecken.
5. Die Makrelen jeweils von beiden Seiten drei- bis viermal diagonal einschneiden. Sie anschließend von allen Seiten mit etwas Öl bestreichen, in Fischdrahtkörbe legen und diese verschließen.
6. Die Makrelen von jeder Seite 5 bis 7 Minuten grillen. Sie zwischendurch öfter mit etwas Öl bestreichen.
(auf dem Foto: rechts)

Beilagen:
Gurkensalat mit Schafskäse (Seite 96) und Kräuterdip (Seite 110)

Andalusischer Hering

Zubereitungszeit: ca. 45 Minuten

Sie benötigen für 4 Portionen:

4 große oder 8 kleine
küchenfertige grüne Heringe
etwas Salz
etwas weißen Pfeffer
Saft von 1 Zitrone
2 Scheiben Toastbrot
4 EL trockenen Sherry
1 Bund Petersilie
8 mit Paprika gefüllte Oliven
1 EL Butter
2 Eier
1 Knoblauchzehe
2 EL Olivenöl

So wird's gemacht:

1. Die Heringe innen und außen waschen und trockentupfen. Sie dann innen mit Salz, Pfeffer und Zitronensaft einreiben.

2. Vom Toastbrot die Rinde abschneiden, das Brot fein würfeln und in eine Schüssel geben. Den Sherry in einem kleinen Topf erwärmen. Das Brot damit übergießen und kurz weichen lassen.

3. Die Petersilie waschen, trockentupfen und fein hacken. Die abgetropften Oliven fein würfeln. Beides zum Toastbrot geben.

4. Die Butter bei milder Hitze schmelzen lassen. Die Eier verquirlen und zusammen mit der flüssigen (nicht heißen) Butter unter die Toastbrotmasse mischen.

5. Die Knoblauchzehe schälen, zerdrücken und ebenfalls zur Brotmasse geben. Diese mit Salz und Pfeffer kräftig würzen.

6. Die Brotmasse in die Bauchhöhlen der Heringe füllen und die Öffnungen mit Holzzahnstochern zustecken.

7. Die Fische mit dem Öl bestreichen, in Alugrillschalen legen und 10 bis 12 Minuten unter mehrfachem Wenden grillen.

Beilage:
Kartoffelsalat

Tip

Da Heringe ein sehr weiches Fleisch haben, zerfallen sie beim Wenden leicht. Falls Sie Fischdrahtkörbe besitzen, sollten Sie diese für dieses Rezept benutzen. Ansonsten die Fische ganz vorsichtig mit zwei Pfannenwendern wenden.

Gegrillte Fischröllchen

Zubereitungszeit: ca. 55 Minuten

Sie benötigen für 4 Portionen:

4 Rotbarschfilets à ca. 200 g
Saft von 1 Zitrone
200 g Champignons
1 kleine Zwiebel
1 ½ Bund Petersilie
2 EL Sojaöl
80 g süße Sahne
1 EL Mehl
etwas Salz
etwas weißen Pfeffer
1 Zitrone, in Achteln

So wird's gemacht:

1. Die Fischfilets waschen, trockentupfen und mit dem Zitronensaft beträufeln. Sie dann etwa 10 Minuten durchziehen lassen.
2. Inzwischen die Champignons kurz waschen, putzen und fein hacken. Die Zwiebel schälen und fein würfeln. Die Petersilie waschen, trockentupfen und fein hacken.
3. Dann 1 Eßlöffel Sojaöl in einem Topf erhitzen und die Zwiebel darin goldgelb andünsten. Die Pilze dazugeben und alles etwa 15 Minuten bei mittlerer Hitze dünsten.
4. Die Sahne und die Petersilie unter die Pilzmischung rühren und alles aufkochen lassen. Das Mehl mit etwas Wasser glattrühren und die Sauce damit unter Rühren binden, so daß eine dickflüssige Masse entsteht. Diese mit Salz und Pfeffer abschmecken und etwas abkühlen lassen.
5. Die Fischfilets trockentupfen, jeweils der Länge nach halbieren und mit etwas Salz bestreuen. 4 große Stücke starke Alufolie mit 1 Eßlöffel Sojaöl bestreichen.
6. Die Fischfiletstreifen mit der Pilzmasse bestreichen, zusammenrollen und je 2 Röllchen auf 1 Folienstück setzen. Die Folien zu Päckchen zusammenfalten und diese fest verschließen.
7. Die Röllchen in der Folie etwa 15 Minuten grillen. Sie dann zusammen mit den Zitronenspalten servieren.

Beilagen:
Baguette oder Speck-Zwiebel-Wickel (Seite 105) und frischer Salat

Sardinen in Speck und Weinblättern

Zubereitungszeit: ca. 30 Minuten

Sie benötigen für 4 Portionen:

12 frische Sardinen
(küchenfertig) à ca. 70 g
etwas weißen Pfeffer
12 eingelegte Weinblätter
12 Scheiben dünnen
Frühstücksspeck
3 EL Öl

So wird's gemacht:

1. Die Sardinen innen und außen waschen und trockentupfen. Sie dann von allen Seiten mit Pfeffer bestreuen.

2. Die Weinblätter abspülen und gut trockentupfen.

3. Jede Sardine zuerst mit einer Speckscheibe, dann mit einem Weinblatt umwickeln. Kopf und Schwanz sollten noch sichtbar sein. Die Weinblätter mit Holzzahnstochern feststecken.

4. Die Sardinen von allen Seiten mit dem Öl bestreichen. Sie dann zunächst von einer Seite 5 bis 7 Minuten in einer Alugrillschale grillen. Die Sardinen vorsichtig wenden und weitere 5 bis 7 Minuten grillen.

(auf dem Foto: oben)

Beilagen:
gemischter Salat und Baguette

Lachsscheiben mit Champignons

Zubereitungszeit: ca. 45 Minuten

Sie benötigen für 4 Portionen:

4 kleine Lachsscheiben
(Tranchen) à ca. 150 g
Saft von 1 Zitrone
etwas Salz
1 Bund Frühlingszwiebeln
150 g Champignons
80 g Pfefferbutter (siehe Tip)

So wird's gemacht:

1. Die Lachsscheiben waschen, trockentupfen, mit dem Zitronensaft beträufeln und salzen. Den Fisch etwa 10 Minuten ruhen lassen.

2. Inzwischen die Frühlingszwiebeln und die Champignons waschen, putzen und in Scheiben schneiden.

3. Die Lachsscheiben auf große Alufolienstücke legen. Die Pfefferbutter darauf verteilen und die Fischscheiben mit den Zwiebeln und den Champignons belegen.

4. Die Alufulie jeweils über den Fischstücken zusammenschlagen und verschließen, so daß Folienpäckchen entstehen.

5. Den Fisch in der Folie von jeder Seite etwa 8 Minuten grillen.

(auf dem Foto: unten)

Beilage:
Fladenbrot

Tip

Pfefferbutter läßt sich ganz einfach herstellen: 60 g weiche Butter mit 1/4 Teelöffel Salz, 1 Teelöffel eingelegten grünen Pfefferkörnern und 1/2 Teelöffel grobem weißem Pfeffer glattrühren. Die Pfefferbutter in ein Schälchen geben und zugedeckt im Kühlschrank festwerden lassen.

Gekräuterter Meeraal

Marinierzeit: ca. 1 Stunde
Zubereitungszeit: ca. 40 Minuten

Sie benötigen für 4 Portionen:

1 Zwiebel
2 EL Zitronensaft
4 EL Öl
3 EL getrocknete Kräuter der Provence
750 g küchenfertigen, gehäuteten Meeraal
etwas Salz
etwas weißen Pfeffer

So wird's gemacht:

1. Die Zwiebel schälen und fein würfeln. Den Zitronensaft mit dem Öl, der Zwiebel und den Kräutern gut verrühren.

2. Den Aal waschen, trockentupfen und in etwa 6 cm lange Stücke schneiden. Diese in der Marinade etwa 1 Stunde zugedeckt bei Zimmertemperatur ziehen lassen.

3. Danach die Fischstücke gut abtropfen lassen, salzen und pfeffern.

4. Die Aalstücke einzeln in mit dem Öl bestrichene Alufolienstücke einwickeln. Die Folienpäckchen gut verschließen.

5. Die Aalstücke von jeder Seite 8 bis 10 Minuten grillen.

Beilagen:
grüner Salat, Kräuterdip (Seite 110) und Baguette

Aalspieß nach Feinschmeckerart

Marinierzeit: ca. 1 Stunde
Zubereitungszeit: ca. 45 Minuten

Sie benötigen für 4 Portionen:
650 g küchenfertigen, gehäuteten Meeraal
1 kleine getrocknete Chilischote
½ Bund Dill
Saft von 1 Zitrone
6 EL trockenen Weißwein
etwas Salz
etwas weißen Pfeffer
1 Lorbeerblatt
4 EL Sonnenblumenöl
12 große Champignonköpfe (ohne Stiele)
½ Salatgurke
100 g Räucherspeck
1 gelbe Paprikaschote

So wird's gemacht:

1. Den Aal waschen, trockentupfen und in etwa 3 cm lange Stücke schneiden.

2. Die Chilischote der Länge nach aufschlitzen, die Kernchen mit einem spitzen Messer herauskratzen und die Chilischote fein hakken. Den Dill waschen, trockentupfen und 1 Zweig fein hacken.

3. Den Zitronensaft mit Weißwein, Salz, Pfeffer, Chilischote, Lorbeerblatt, gehacktem Dill und 2 Eßlöffeln Öl gut verrühren.

4. Die Aalstücke in eine flache Schale legen und die Marinade darübergießen. Den Fisch in der Marinade zugedeckt bei Zimmertemperatur etwa 1 Stunde durchziehen lassen.

5. Inzwischen die Champignons kurz waschen und putzen. Die Pilze zum Fisch geben.

6. Die Gurke waschen, putzen und in etwa 1 cm dicke Scheiben schneiden. Den Speck in 2 x 2 cm große, dünne Scheiben schneiden. Die Paprika waschen, putzen und in 2 cm große Würfel schneiden.

7. Nach der Marinierzeit die Aalstücke und die Champignons aus der Marinade nehmen und troktupfen. Die Champignonköpfe mit den beiseitegelegten Dillzweigen füllen.

8. Fisch Pilze, Gurke, Speck und Paprikastücke abwechselnd auf 4 große oder 8 kleinere Spieße stecken. Die Aalspieße mit 2 Eßlöffeln Öl bestreichen.

9. Die Aalspieße auf dem Grill unter häufigem Wenden 5 bis 8 Minuten grillen.

Beilage:
Weißbrot

Seelachs-Zucchini-Spieß

Marinierzeit: ca. 1 Stunde
Zubereitungszeit: ca. 40 Minuten

Sie benötigen für 4 Portionen:

600 g Seelachsfilet
ca. 200 g Frühstücksspeck in dünnen Scheiben
3 kleine Zucchini
12 kleine Lorbeerblätter
3 EL Sojaöl
2 TL Worcestershiresauce
etwas Salz
1/4 TL Paprikapulver edelsüß
1 Msp. Cayennepfeffer

So wird's gemacht:

1. Das Fischfilet waschen, trockentupfen und in mundgerechte Würfel schneiden. Jeden Würfel mit einer Speckscheibe umwickeln.
2. Die Zucchini waschen, putzen und in 1,5 cm dicke Scheiben schneiden.
3. Die Zucchini abwechselnd mit den Fischstücken und den Lorbeerblättern auf 4 große oder 8 kleinere Spieße stecken.
4. Das Öl mit der Worcestershiresauce, etwas Salz, dem Paprikapulver und dem Cayennepfeffer (vorsichtig dosieren!) zu einer Marinade verrühren.
5. Die Spieße mit der Marinade bestreichen und etwa 1 Stunde zugedeckt im Kühlschrank durchziehen lassen.
6. Die Fischspieße in eine große Alugrillschale legen und 6 bis 8 Minuten unter mehrfachem Wenden grillen.
(auf dem Foto: oben)

Beilagen:
Bauernbrot oder Baguette und Stangensellerie-Meerrettich-Relish (Seite 114)

Seeteufelspieß „Asia"

Marinierzeit: ca. 2 Stunden
Zubereitungszeit: ca. 55 Minuten

Sie benötigen für 4 Portionen:

600 g Seeteufelfilet
2 Knoblauchzehen
1 grüne Chilischote
2 EL geschälte, feingehackte Ingwerwurzel
1 EL Zitronensaft
75 ml Sojaöl
etwas Salz
etwas weißen Pfeffer
1 vollreife Mango
2 Bananen
1 rote Paprikaschote

So wird's gemacht:

1. Das Fischfilet kurz waschen, trockentupfen und in mundgerechte Stücke schneiden.
2. Die Knoblauchzehen schälen und zerdrücken. Die Chilischote waschen, der Länge nach halbieren, die Kernchen mit einem Messer herauskratzen und die Chilischote fein hacken.
3. Knoblauch und Chilischote zusammen mit dem Ingwer und dem Zitronensaft in eine Schüssel geben. Das Öl darunterrühren und die Marinade mit Salz und Pfeffer würzen.
4. Die Fischwürfel in die Marinade legen und etwa 2 Stunden zugedeckt im Kühlschrank ziehen lassen.
5. Die Mango schälen, das Fruchtfleisch vom Stein abschneiden und in mundgerechte Würfel schneiden. Die Bananen schälen und in nicht zu dünne Scheiben schneiden. Die Paprikaschote waschen, putzen und in mundgerechte Würfel schneiden.
6. Die Fischwürfel aus der Marinade nehmen (diese aufheben), abtropfen lassen und abwechselnd mit Bananenscheiben, Paprikawürfeln und Mangostückchen auf 4 große oder 8 kleinere Spieße stecken.
7. Die Fischspieße in einer Alugrillschale bei nicht zu starker Hitze 12 bis 15 Minuten grillen. Sie dabei zwischendurch öfter wenden und mit der Marinade bestreichen.
(auf dem Foto: unten)

Beilage:
Reissalat (Seite 98)

Meeresfrüchtespieß

Marinierzeit: ca. 1 Stunde
Zubereitungszeit: ca. 40 Minuten

Sie benötigen für 4 Portionen:

400 g Seelachsfilet
300 g Riesengarnelen (ohne Schale, aber mit Schwanzflosse)
100 g gekochtes Muschelfleisch (Konserve oder Glas)
2 EL Weißwein
1 EL Zitronensaft
3 EL Olivenöl
1 Knoblauchzehe
etwas Salz
etwas weißen Pfeffer
½ TL Korianderpulver
2 EL gehackte Zitronenmelisse

So wird's gemacht:

1. Das Seelachsfilet waschen, trockentupfen und in mundgerechte Würfel schneiden. Die Garnelen jeweils entlang des Rückens einschneiden und den Darm vorsichtig entfernen. Das Muschelfleisch gut abtropfen lassen.

2. Fisch, Garnelen und Muscheln abwechselnd auf 4 große oder 8 kleinere Spieße stecken.

3. Den Weißwein mit dem Zitronensaft und dem Olivenöl verrühren. Die Knoblauchzehe schälen und in die Marinade pressen. Diese mit Salz und Pfeffer sowie mit dem Korianderpulver würzen.

4. Die Spieße in eine flache Schale legen, die Marinade darübergießen und alles etwa 1 Stunde zugedeckt im Kühlschrank marinieren lassen.

5. Die Spieße gut abtropfen lassen. Dann in einer Alugrillschale unter mehrfachem Wenden etwa 6 Minuten grillen. Die Spieße mit der Melisse bestreuen und heiß servieren.

Beilagen:
geröstetes Weißbrot oder Baguette und Mangochutney (Seite 114)

Tip

Sie können die Marinade aufheben, mit 125 g Naturjoghurt verrühren und dann als Sauce zu den gegrillten Spießchen reichen.

Garnelenspieß

Zubereitungszeit: ca. 40 Minuten

Sie benötigen für 4 Portionen:

3 kleine Zucchini
2 Salbeizweige
½ dünnes Baguette (ca. 150 g)
70 g Knoblauchbutter
500 g Riesengarnelenschwänze mit Schale
20 schwarze Oliven
etwas Salz
schwarzen Pfeffer aus der Mühle

So wird's gemacht:

1. Die Zucchini waschen, putzen und in 1 cm dicke Scheiben schneiden. Den Salbei waschen, trockentupfen und die Blättchen abzupfen.

2. Das Baguette in 1 cm dicke Scheiben schneiden und mit etwas Knoblauchbutter bestreichen. Die restliche Butter bei milder Hitze schmelzen lassen.

3. Die Garnelenschwänze abwechselnd mit Zucchinischeiben, Salbeiblättern, Brotscheiben und Oliven auf 4 große oder 8 kleinere Spieße stecken.

4. Die Spieße mit etwas flüssiger Knoblauchbutter bestreichen, salzen und pfeffern.

5. Die Garnelenspieße unter häufigem Wenden etwa 8 Minuten grillen. Sie während dieser Zeit mehrmals mit der Knoblauchbutter bestreichen.

Beilage:
Grilltomaten (Seite 101)

Variation

Statt der Oliven können Sie auch dünne, zu Röllchen gedrehte Frühstücksspeckscheiben auf die Spieße stecken.

Marinierte Riesengarnelen

Marinierzeit: ca. 1 Stunde
Zubereitungszeit: ca. 35 Minuten

Sie benötigen für 4 Portionen:

8 Riesengarnelenschwänze mit Schale
1 kleine rote Chilischote
2 Knoblauchzehen
7 EL Olivenöl
etwas Salz
etwas weißen Pfeffer
1 Msp. gemahlenen Piment
3 TL gehackten Thymian
Saft von 1 Zitrone

So wird's gemacht:

1. Die Garnelenschwänze mitsamt der Schale mit einem scharfen Messer der Länge nach halbieren. Die dunklen Darmstränge am Rükken mit einem kleinen Messer vorsichtig entfernen.

2. Die Chilischote waschen, putzen und halbieren. Die Kernchen mit einem Messer herauskratzen und die Schotenhälften sehr fein hakken. Die Knoblauchzehen schälen und zerdrücken.

3. Das Olivenöl mit der Chilischote und dem Knoblauch sowie mit Salz, Pfeffer, Piment und Thymian zu einer Marinade verrühren.

4. Die Garnelenschwänze in der Marinade etwa 1 Stunde zugedeckt bei Zimmertemperatur durchziehen lassen.

5. Die Garnelenschwänze aus der Marinade nehmen und gut abtropfen lassen. Die Marinade auffangen und zum Grillen bereitstellen.

6. Die Garnelen mit den Schnittflächen nach oben in einer Alugrillschale zunächst etwa 3 Minuten grillen. Sie während dieser Zeit öfter mit der Marinade bestreichen. Die Garnelen wenden und etwa 1 Minute weitergrillen.

7. Die Garnelenschwänze mit dem Zitronensaft beträufeln und leicht salzen.

Beilagen:
Baguette und Gemüsesalat mit Schafskäse (Seite 96)

Austernspieße à la maison

Zubereitungszeit: ca. 25 Minuten

Sie benötigen für 4 Portionen:

24 frische Austern
24 dünne Scheiben Frühstücksspeck
etwas Cayennepfeffer
1 Zitrone, in Achteln

So wird's gemacht:

1. Die Austern öffnen. Dafür jede Auster mit der flachen Seite nach oben in die Hand nehmen und das Scharnier der Auster mit einem festen Messer oder einem Austernöffner durchtrennen. Dann das Messer horizontal rundherum führen und so die zwei Schalenhälften voneinander trennen. Das Fleisch vorsichtig aus der Schale lösen.

2. Das Austernfleisch mit jeweils 1 Speckscheibe umwickeln. Jeweils 3 Austernpäckchen auf 1 Spieß stecken.

3. Die Austernspieße unter Wenden etwa 2 Minuten grillen, bis der Speck zu bräunen beginnt.

4. Die Spießchen mit etwas Cayennepfeffer (vorsichtig dosieren!) bestreuen und zusammen mit den Zitronenachteln servieren.

(auf dem Foto: unten)

Beilage:

Tomaten-Weißbrot-Spieße (Foto: oben; Rezept Seite 99)

Variation

Statt der Austern können Sie für dieses Rezept auch 12 Jacobsmuscheln (ohne Schalen) nehmen. Die Grillzeit verlängert sich dann auf 3 bis 4 Minuten.

Vegetarische Gerichte

Knackiges, sommerfrisches Gemüse und phantasievolle Pilzgerichte vom Grill sind ein Genuß, für den sogar passionierte Fleischliebhaber ein großes Lob übrig haben. Lassen Sie sich von der Vielfalt der Rezepte dieses Kapitels überraschen!

Bunte Gemüsespieße

Zubereitungszeit: ca. 35 Minuten

Sie benötigen für 4 Portionen:

1 kleine Aubergine
1 kleinen Zucchino
je 1 rote, grüne und gelbe Paprikaschote
8 Kirschtomaten
4 kleine rote Zwiebeln
4 EL Knoblauchbutter

So wird's gemacht:

1. Aubergine, Zucchino und Paprikaschoten putzen und waschen. Die Aubergine und den Zucchino in Scheiben, die Paprikaschoten in etwa gleich große Stücke schneiden. Die Auberginenscheiben halbieren.
2. Die Tomaten waschen und putzen. Die Zwiebeln schälen und vierteln.
3. Das vorbereitete Gemüse abwechselnd auf 8 lange Spieße stecken.
4. Die Knoblauchbutter bei milder Hitze schmelzen lassen und die Gemüsespieße mit einem Teil davon bestreichen. Die restliche Butter zum Grillen bereitstellen.
5. Die Spieße unter häufigem Wenden und Bestreichen mit etwas Knoblauchbutter ungefähr 10 Minuten grillen.
(auf dem Foto: unten)

Beilagen:
geröstetes Weißbrot und Kräuterdip (Seite 110)

Variationen

● Statt der Knoblauchbutter können Sie auch die gleiche Menge Kräuterbutter nehmen.
● Gut schmeckt auch eine Kombination aus Zucchini, Kirschtomaten, Champignons und roten Paprikaschoten.

Zucchinispieße

Marinierzeit: ca. 30 Minuten
Zubereitungszeit: ca. 40 Minuten

Sie benötigen für 4 Portionen:

2 Knoblauchzehen
8 EL Zitronensaft
400 g Zucchini
300 g Champignons
8 kleine Zwiebeln
4 EL Öl
etwas Salz
schwarzen Pfeffer aus der Mühle

So wird's gemacht:

1. Die Knoblauchzehen schälen, zerdrücken und mit dem Zitronensaft verrühren.
2. Die Zucchini waschen, putzen und in 1 cm dicke Scheiben schneiden. Die Champignons kurz waschen und putzen.
3. Zucchini und Pilze mit der Zitronensaftmarinade beträufeln und etwa 30 Minuten zugedeckt bei Zimmertemperatur durchziehen lassen.
4. Die Zwiebeln schälen und vierteln. Das Gemüse und die Pilze abwechselnd auf 8 mittelgroße Spieße stecken und von jeder Seite etwa 5 Minuten grillen. Die Spieße dabei ab und zu mit etwas Öl bestreichen.
5. Zuletzt die Gemüsespieße mit Salz und Pfeffer würzen.
(auf dem Foto: oben)

Beilagen:
Curry-Joghurt-Sauce (Seite 109), Schafskäsesauce (Seite 110) und Baguette

Auberginenspieße

Zubereitungszeit: ca. 40 Minuten

Sie benötigen für 4 Portionen:

2 mittelgroße Auberginen
etwas Salz
1 gelbe Paprikaschote
2 EL Weißweinessig
schwarzen Pfeffer aus der Mühle
4 EL Sonnenblumenöl

So wird's gemacht:

1. Die Auberginen waschen und der Länge nach in sehr dünne Scheiben schneiden. Diese mit Salz bestreuen und etwa 10 Minuten ziehen lassen. Dann die Scheiben spülen und trockentupfen.

2. Die Paprikaschote putzen, waschen und in mundgerechte Stück schneiden.

3. Den Essig mit etwas Salz und Pfeffer sowie mit dem Öl gut verquirlen.

4. Die Auberginenscheiben zusammenrollen und abwechselnd mit den Paprikastücken auf 8 große Spieße stecken.

5. Die Gemüsespieße mit der Marinade bestreichen und unter Wenden etwa 8 Minuten grillen.

Beilagen:

Baguette und Kräuterdip (Seite 110)

Mariniertes Grillgemüse

Marinierzeit: ca. 1 Stunde
Zubereitungszeit: ca. 50 Minuten

Sie benötigen für 4 Portionen:

Für das Gemüse:
2 Fenchelknollen
150 g Austernpilze
2 Kohlrabiknollen
1 rote Paprikaschote
8 kleine Tomaten

Für die Marinade:
1/8 l Sojaöl
1 EL Kräuter der Provence
5 schwarze Pfefferkörner, grob zerstoßen

Außerdem:
3 EL gehackte Petersilie

So wird's gemacht:

1. Den Fenchel waschen, putzen, halbieren und in kochendem Wasser etwa 3 Minuten blanchieren. Ihn dann in kaltem Wasser abschrecken und in Scheiben schneiden.

2. Die Pilze kurz waschen und putzen. Die Kohlrabi schälen, putzen und in etwa 1 cm dicke Scheiben schneiden. Diese halbieren.

3. Die Paprikaschote waschen, putzen und vierteln. Die Tomaten waschen, putzen und jeweils einmal über Kreuz einritzen.

4. Für die Marinade das Sojaöl mit den Kräutern und den grob zerstoßenen Pfefferkörnern verrühren.

5. Das Gemüse in eine Schüssel geben, mit der Marinade übergießen und etwa 1 Stunde zugedeckt bei Zimmertemperatur durchziehen lassen.

6. Das Gemüse aus der Marinade nehmen und gut abtropfen lassen. Die Marinade bereitstellen.

7. Den Grillrost mit Alufolie belegen und das Gemüse nacheinander auflegen: Zuerst den Fenchel und die Paprikastücke etwa 5 Minuten grillen (mehrmals wenden). Dann die Kohlrabischeiben und die Pilze dazulegen und alles weitere 3 Minuten unter Wenden grillen. Zuletzt die Tomaten dazulegen und alles noch einmal etwa 5 Minuten unter Wenden grillen. Das Gemüse während der gesamten Grillzeit öfter mit etwas Marinade bestreichen.

8. Das Gemüse zum Schluß mit der gehackten Petersilie bestreuen.

Beilagen:
Curry-Joghurt-Sauce (Seite 109) und Fladenbrot

Grillgemüse mit Kräuterbutter

Zubereitungszeit: ca. 50 Minuten

Sie benötigen für 4 Portionen:

1 kleine Aubergine
2 kleine Zucchini
2 rote Paprikaschoten
50 g Champignons
2 kleine Zwiebeln
4 grüne Chilischoten
8 Kirschtomaten
8 EL Kräuterbutter

So wird's gemacht:

1. Aubergine, Zucchini, Paprikaschoten und Champignons putzen, waschen und in Scheiben schneiden. Die Zwiebeln schälen und in Ringe schneiden.

2. Die Chilischoten waschen, putzen, der Länge nach aufschlitzen und die Kerne mit einem spitzen Messer herauskratzen. Die Chilischoten in Ringe schneiden. Die Tomaten waschen und putzen.

3. Das Gemüse in Alugrillschalen legen und die Kräuterbutter darauf verteilen.

4. Das Gemüse am Rand des Grills etwa 25 Minuten unter mehrfachem Wenden grillen.

Beilagen:

Baguette und griechischer Schafskäse (Feta)

Variation

Für Käsefans: Nach 15 Minuten Grillzeit 200 g Mozzarella in Scheiben schneiden und auf das Gemüse legen. Alles weitere 10 Minuten garen, bis der Käse leicht zerläuft. Das Gericht zum Schluß mit schwarzem Pfeffer übermahlen.

Gefüllte Grillzwiebel

Zubereitungszeit: ca. 1 ¼ Stunden

Sie benötigen für 4 Portionen:

- 4 Gemüsezwiebeln à ca. 250 g
- 200 g Tomaten
- 1 Knoblauchzehe
- 40 g griechischen Schafskäse (Feta)
- 1 Bund Petersilie
- etwas Salz
- schwarzen Pfeffer aus der Mühle
- ½ TL Paprikapulver edelsüß
- 2 EL Sojaöl

So wird's gemacht:

1. Die Zwiebeln schälen und von jeder oben einen Deckel abschneiden. Diesen zunächst beiseite legen.

2. Die Zwiebeln mit einem Messer oder Löffel vorsichtig aushöhlen. Die Hälfte des entfernten Fruchtfleischs fein hacken. Die andere Hälfte nicht weiterverwenden.

3. Die Tomaten über Kreuz einritzen, kurz überbrühen, abschrecken und enthäuten. Sie dann vierteln, entkernen und fein würfeln. Die Petersilie waschen, trockenschütteln und fein hacken.

4. Die Knoblauchzehe schälen und zerdrücken; den Feta fein würfeln.

5. Tomaten, feingehackte Zwiebel, Feta, Knoblauch und Petersilie gut mischen und mit Salz sowie Pfeffer und Paprika abschmecken.

6. Die Tomatenmischung in die ausgehöhlten Zwiebeln füllen und die beiseite gelegten Deckel wieder auf die Zwiebeln setzen. Die Deckel feststecken.

7. Die Zwiebeln mit dem Öl bestreichen und etwa 30 Minuten in Alugrillschalen grillen. Dabei sowohl die Böden als auch die Seitenflächen der Zwiebel leicht bräunen lassen.

Beilage:
Gemüsesalat (Seite 96)

Überbackene Zucchini

Zubereitungszeit: ca. 35 Minuten

Sie benötigen für 4 Portionen:

5 kleine Zucchini
4 Kirschtomaten
4 EL Pfefferbutter
(siehe Tip Seite 70)
1 TL getrockneten Oregano
100 g geriebenen Emmentaler

So wird's gemacht:

1. Die Zucchini waschen, putzen und in etwa fingerdicke Scheiben schneiden. Die Tomaten waschen, putzen und trockentupfen.
2. Dann 4 Stücke Alufolie mit 2 Eßlöffeln der Pfefferbutter bestreichen. Jeweils 1 Kirschtomate in die Mitte setzen. Die Zucchinischeiben kreisförmig um die Kirschtomate anordnen.
3. Das Gemüse mit dem Oregano bestreuen. Den geriebenen Käse und die restliche Pfefferbutter darauf geben. Die Alufolie jeweils zu einem Päckchen zusammenfalten und dieses fest verschließen.
4. Die Gemüsepäckchen am Rand des Grills etwa 20 Minuten grillen.

Beilage:
geröstete Baguettescheiben oder Bruschetta (Seite 101)

Variation

Gut schmeckt dieses Gericht auch mit Gorgonzola und Rosmarin. Dafür die Zucchini waschen, putzen und in Scheiben schneiden. 4 Alufolienstücke mit etwas Öl bestreichen und jeweils ein Viertel der Zucchinischeiben darauf legen. Diese salzen und pfeffern. Dann 6 Tomaten waschen, putzen, vierteln, entkernen und in Würfel schneiden. 3 Rosmarinzweige waschen, die Nadeln abzupfen und fein hacken. Tomaten und Rosmarin jeweils auf die Zucchinischeiben geben, dann salzen und pfeffern. Zuletzt 200 g Gorgonzola in Scheiben schneiden und diese auf die Tomaten legen. Die Alufolie zu Päckchen verschließen und das Gericht etwa 20 Minuten am Rande des Grills garen.

Gemüse-Käse-Päckchen

Zubereitungszeit: ca. 35 Minuten

Sie benötigen für 4 Portionen:

4 EL Olivenöl
100 g griechischen Schafskäse (Feta)
8 Tomaten
1 EL getrockneten Thymian
150 g Emmentaler am Stück
4 kleine Zucchini

So wird's gemacht:

1. Zunächst 16 große Stücke Alufolie mit dem Öl einpinseln.

2. Den Schafskäse in Würfel schneiden. Die Tomaten waschen, putzen und jeweils einmal über Kreuz einschneiden.

3. Jeweils 1 Tomate auf 1 Folienstück setzen. Die Schafskäsewürfel ringsherum verteilen und alles mit dem Thymian bestreuen. Die Folien zu Päckchen zusammenfalten und diese gut verschließen.

4. Den Emmentaler in dünne Streifen schneiden. Die Zucchini waschen, putzen und jeweils einmal quer halbieren.

5. In die Stücke der Länge nach kleine Kerben einschneiden. Die Käsestreifen hineinstecken. Die gespickten Zucchinistücke einzeln in die restlichen 8 Alufolienstücke einwickeln.

6. Die Gemüsepäckchen unter mehrfachem Wenden 10 bis 12 Minuten grillen.

Beilagen:
Roggenbrot und gemischer Salat

Variationen

- Statt des Schafskäses können Sie auch Mozzarella nehmen.
- Besonders würzig werden die Zucchini, wenn Sie statt Emmentaler Gorgonzola nehmen. Dann keine Kerben einschneiden, sondern den Käse in Scheiben auf die Schnittflächen der Zucchini legen und alles zusammen in Folie einwickeln.

Würzige Grillchampignons

Zubereitungszeit: ca. 30 Minuten

Sie benötigen für 4 Portionen:

- 20 sehr große Champignons
- ½ kleine Stange Porree
- 1 TL Butter
- 6 EL Kräuterfrischkäse
- etwas Salz
- schwarzen Pfeffer aus der Mühle

So wird's gemacht:

1. Die Champignons kurz waschen und putzen. Die Stiele herausdrehen und fein hacken. Den Porree putzen, waschen, halbieren und in sehr dünne Ringe schneiden.

2. Die Butter erhitzen und Porree sowie Champignonstiele darin weichdünsten. Dann abkühlen lassen.

3. Den Käse mit der Porreemischung vermengen, mit Salz und Pfeffer abschmecken und in die Pilze füllen.

4. Die gefüllten Champignons etwa 10 Minuten grillen.

Beilagen:
Deftiges Landbrot und Sommersalat (Seite 96)

Variationen

- Fleischfans können noch 50 g feingehackten rohen Schinken an die Porreefüllung geben.
- Besonders würzig wird die Porreefüllung, wenn Sie sie mit 1 zerdrückten Knoblauchzehe abschmecken.

Tip

Die Grillchampignons eignen sich auch gut als Beilage zu Fleischgerichten vom Grill.

Marinierte Austernpilze

Marinierzeit: ca. 35 Minuten
Zubereitungszeit: ca. 25 Minuten

Sie benötigen für 4 Portionen:

1 kleinen Bund Basilikum
½ Bund Petersilie
5 EL Öl
etwas Salz
schwarzen Pfeffer aus der Mühle
500 g Austernpilze
4 mittelgroße Tomaten
2 TL Balsamessig (Aceto balsamico)

So wird's gemacht:

1. Das Basilikum und die Petersilie waschen und trockentupfen. Einige Basilikumblättchen abzupfen und beiseite legen. Die Petersilie und das restliche Basilikum fein hacken, mit dem Öl zu einer Marinade verrühren und mit Salz und Pfeffer würzen.

2. Die Pilze kurz waschen, trockentupfen und Stiele sowie harte Teile abschneiden. Die Pilze in eine Schüssel geben.

3. Die Marinade darübergießen und die Pilze etwa 30 Minuten zugedeckt bei Zimmertemperatur durchziehen lassen.

4. Inzwischen die Tomaten waschen, putzen und jeweils einmal über Kreuz einritzen.

5. Die Pilze mit dem Essig beträufeln, etwa 5 Minuten durchziehen lassen und dann gut abtropfen lassen.

6. Die Tomaten in einer Alugrillschale etwa 5 Minuten grillen. Dann die Pilze in einer zweiten Alugrillschale dazulegen und etwa 2 Minuten unter Wenden mitgrillen.

7. Die Pilze mit den beiseite gelegten Basilikumblättchen garnieren und zusammen mit den Tomaten servieren.

Beilage:
Baguette

Gebackene Kartoffeln mit Kräuterfrischkäse

Zubereitungszeit: ca. 1 Stunde

Sie benötigen für 4 Portionen:

8 mitelgroße, mehligkochende Kartoffeln
3 EL Soja- oder Olivenöl
2 Bund Schnittlauch
250 g Frischkäse
3 EL Milch
etwas Salz
etwas weißen Pfeffer

So wird's gemacht:

1. Die Kartoffeln unter fließendem Wasser bürsten, trockentupfen und mit einer Gabel jeweils mehrmals einstechen.

2. Dann 8 große Stücke Alufolie mit dem Öl bestreichen. Die Kartoffeln jeweils darauf legen und fest einwickeln.

3. Den Schnittlauch waschen, trockentupfen und in feine Röllchen schneiden. Den Frischkäse mit der Milch und dem Schnittlauch glattrühren. Mit Salz und Pfeffer abschmecken.

4. Die Kartoffeln etwa 40 Minuten unter mehrmaligem Wenden grillen. Dann die Folie aufschneiden und den Kräuterfrischkäse auf die heißen Kartoffeln geben.

(auf dem Foto: oben)

Beilage:
Barbecuegemüse (Seite 101)

Folienkartoffeln mit dreierlei Dips

Zubereitungszeit: ca. 1 ¼ Stunden

Sie benötigen für 4 Portionen:

Für die Kartoffeln:

12 mittelgroße mehligkochende Kartoffeln

Für den Currydip:

3 Eier
1 große Tomate
80 g Erbsen aus der Dose
120 g Salatmayonnaise
1 TL Currypulver
etwas Salz und weißen Pfeffer

Für den Käse-Gurken-Dip:

80 g mittelalten Gouda
2 Gewürzgurken
180 g Vollmilchjoghurt
etwas Salz und weißen Pfeffer
etwas Gurkensud

Für den Kräuter-Zitronen-Dip:

½ Bund Schnittlauch
½ Bund Petersilie
½ Bund Dill
180 g Crème fraîche
1 EL Zitronensaft
etwas Salz und weißen Pfeffer

So wird's gemacht:

1. Die Kartoffeln unter fließendem Wasser waschen und bürsten. Sie dann etwa 10 Minuten in der Schale kochen.

2. In der Zwischenzeit für den Currydip die Eier etwa 10 Minuten kochen, abschrecken, pellen und in feine Würfel schneiden. Die Tomate waschen, putzen und ebenfalls würfeln. Die Erbsen abtropfen lassen.

3. Die Mayonnaise mit dem Currypulver sowie mit etwas Salz und Pfeffer abschmecken. Eier, Tomaten und Erbsen unter die Mayonnaise heben. Den Dip etwa 10 Minuten durchziehen lassen. Ihn dann nochmals abschmecken.

4. Für den Käse-Gurken-Dip den Käse fein reiben. Die Gewürzgurken in feine Streifen schneiden. Den Joghurt mit etwas Salz und Pfeffer sowie wenig Gurkensud abschmecken. Den Käse und die Gewürzgurken dazugeben.

5. Für den Kräuter-Zitronen-Dip die Kräuter waschen, trockentupfen, fein hacken und in ein Schälchen geben.

6. Die Crème fraîche mit dem Zitronensaft und den Kräutern verrühren und den Dip mit Salz und Pfeffer abschmecken.

7. Die Kartoffeln jeweils einmal über Kreuz einschneiden und einzeln in Alufolie einwickeln.

8. Die Kartoffeln bei starker Hitze 10 bis 15 Minuten unter mehrfachem Wenden grillen. Danach die Folie etwas öffnen und die Kartoffeln mit den 3 Dips servieren.

(auf dem Foto: unten)

Beilage:
Sommersalat (Seite 96)

Variation

Gut schmeckt zu den Kartoffeln auch ein Lachsdip. Dafür 150 g Räucherlachs in Streifen schneiden und mit 180 g Crème fraîche sowie 1 Eßlöffel Zitronensaft mischen. Den Dip mit Salz und Pfeffer abschmecken und mit 1 Eßlöffel Schnittlauchröllchen bestreuen.

Beilagen

Sie dürfen an einem Grillabend nicht fehlen! In diesem Kapitel finden Sie sowohl Rezepte für knackig-frische Salate als auch für Beilagen vom Grill mit Gemüse, Kartoffeln und Pilzen.

Sommersalat

Zubereitungszeit: ca. 35 Minuten

Sie benötigen für 4 Portionen:

1 kleinen Kopfsalat
1 kleinen Chinakohl
1 Kopf Radicchio
1 Bund Radieschen
½ kleine Salatgurke
2 Tomaten
1 rote Zwiebel
½ Kästchen Kresse
4 EL Sherryessig
4 EL Sherry
etwas Salz
etwas weißen Pfeffer
8 EL Olivenöl

So wird's gemacht:

1. Die Salatköpfe verlesen, waschen und trockenschleudern. Den Chinakohl in Streifen schneiden, die Salatblätter in mundgerechte Stücke zupfen.
2. Die Radieschen und die Gurke waschen, putzen und in Scheiben schneiden. Die Tomaten waschen, putzen und achteln. Die Zwiebel schälen und in dünne Ringe schneiden.
3. Alle vorbereiteten Zutaten in einer Schüssel gut mischen. Die Kresse abspülen, abschneiden und beiseite legen.
4. Den Essig mit dem Sherry sowie mit etwas Salz und Pfeffer verrühren. Danach das Öl löffelweise darunterschlagen.
5. Die Salatsauce unter den Salat heben und diesen mit der Kresse bestreuen.
(auf dem Foto: oben)

Tip

Falls Sie den Salat schon einige Stunden vor dem Grillen zubereiten möchten, mischen Sie die Salatzutaten noch nicht mit der Sauce. Dies sollten Sie erst tun, wenn das Grillfest beginnt.

Gurkensalat mit Schafskäse

Zubereitungszeit: ca. 25 Minuten

Sie benötigen für 4 Portionen:

1 Salatgurke
300 g griechischen Schafskäse (Feta)
1 Bund frische Minze
3 EL Weißweinessig
etwas Salz
1 TL Zucker
schwarzen Pfeffer aus der Mühle
6 EL Olivenöl

So wird's gemacht:

1. Die Salatgurke waschen, trockentupfen, putzen und in feine Scheiben schneiden. Diese in eine Schüssel geben und den Schafskäse mit den Fingern darüberbröckeln.
2. Die Minze waschen und trockentupfen. Die Blätter abzupfen und zum Salat geben.
3. Den Essig mit etwas Salz und dem Zucker verrühren. Etwas Pfeffer dazugeben und das Olivenöl löffelweise darunterschlagen.
4. Die Sauce über den Salat gießen und alles gut mischen.
(auf dem Foto: Mitte)

Tip

Mischen Sie die Salatzutaten erst kurz vor dem Servieren mit der Sauce.

Gemüsesalat mit Schafskäse

Zubereitungszeit: ca. 20 Minuten
Zeit zum Durchziehen: ca. 30 Minuten

Sie benötigen für 4 Portionen:

4 mittelgroße Tomaten
1 Salatgurke
2 grüne Paprikaschoten
1 große Zwiebel
200 g griechischen Schafskäse (Feta)
1 hartgekochtes Ei
4 eingelegte Sardellen
je 5 schwarze und grüne Oliven
1 TL Kapern
1 EL getrockneter Oregano
5 EL Olivenöl
2 EL Rotweinessig
schwarzen Pfeffer aus der Mühle

So wird's gemacht:

1. Die Tomaten waschen, putzen und achteln. Die Gurke schälen und in nicht zu dünne Scheiben schneiden. Die Paprikaschoten waschen, putzen und in dünne Streifen schneiden.
2. Die Zwiebel schälen und in Streifen schneiden. Den Schafskäse abtropfen lassen und würfeln. Das Ei pellen und achteln. Die Sardellen mit Wasser abspülen, trockentupfen und fein hacken.
3. Die vorbereiteten Zutaten in eine Schüssel geben. Die Oliven und die abgetropften Kapern vorsichtig darunterheben.
4. Den Salat mit dem Oregano bestreuen, dann mit dem Öl und dem Essig übergießen.
5. Den Salat etwa 30 Minuten zugedeckt durchziehen lassen. Ihn danach mit schwarzem Pfeffer übermahlen.
(auf dem Foto: unten)

Reissalat

Zubereitungszeit: ca. 40 Minuten
Zeit zum Durchziehen: ca. 1 Stunde

Sie benötigen für 4 Portionen:

- 125 g Langkornreis
- etwas Salz
- 1 mittelgroße Gemüsezwiebel
- 200 g Fleischwurst
- 1 rote Chilischote
- 200 g Maiskörner aus der Dose
- 200 g Kidneybohnen aus der Dose
- 5 EL Olivenöl
- 3 EL Kräuteressig
- 2 EL Tomatenmark
- etwas Cayennepfeffer
- 1 Msp. Chilipulver

So wird's gemacht:

1. Den Reis in reichlich Salzwasser in etwa 20 Minuten bißfest garen.

2. In der Zwischenzeit die Zwiebel schälen und in kleine Würfel schneiden. Die Fleischwurst in Streifen schneiden. Die Chilischote waschen, der Länge nach aufschlitzen, die Kerne mit einem Messer herauskratzen und die Schote in feine Ringe schneiden.

3. Den Reis gut abtropfen und etwas abkühlen lassen. Den Mais und die Bohnen ebenfalls gut abtropfen lassen.

4. Den Reis mit Mais, Bohnen, Chiliringen und Wurststreifen in einer großen Schüssel vorsichtig mischen.

5. Das Öl mit dem Essig und dem Tomatenmark zu einer Marinade verrühren. Diese mit Salz, etwas Cayennepfeffer (vorsichtig dosieren!) und etwas Chilipulver pikant abschmecken.

6. Die Marinade unter den Salat mischen und diesen im Kühlschrank etwa 1 Stunde zugedeckt durchziehen lassen. Den Salat vor dem Servieren nochmals kurz mischen.

Tomaten-Weißbrot-Spieße

Zubereitungszeit: ca. 30 Minuten

Sie benötigen für 4 Portionen:

200 g Cocktailtomaten
200 g Weißbrot ohne Rinde
2 Knoblauchzehen
5 EL Olivenöl
etwas Salz
schwarzen Pfeffer aus der Mühle
½ TL Zitronensaft
1 EL gehackten Rosmarin
1 EL gehackten Thymian

So wird's gemacht:

1. Die Tomaten waschen, trockentupfen und putzen. Das Brot in Würfel schneiden, die die Größe der Tomaten haben. Brot und Tomaten abwechselnd auf 8 kleine Metallspieße stecken.

2. Die Knoblauchzehen schälen und zerdrücken. Das Öl mit etwas Salz und Pfeffer sowie mit dem Knoblauch und dem Zitronensaft verquirlen. Die gehackten Kräuter darunterrühren.

3. Die bestückten Spieße von allen Seiten mit der Marinade bestreichen. Dann in einer Alugrillschale unter mehrmaligem Wenden etwa 6 Minuten grillen, bis das Weißbrot gelb ist.

Tip

Wenn Sie die Zutatenmengen verdoppeln, ergibt das Rezept zusammen mit einem frischen Salat eine vegetarische Hauptmahlzeit für 4 Personen.

Grilltomaten

Zubereitungszeit: ca. 25 Minuten

Sie benötigen für 4 Portionen:

8 kleine, feste Tomaten
etwas Salz
etwas weißen Pfeffer
2 EL Butter
1 EL Sojaöl

So wird's gemacht:

1. Die Stiele der gewaschenen Tomaten entfernen. Die Tomaten an den Stielansätzen mit einem kleinen Messer etwa 2 cm tief keilförmig aushöhlen. Die Haut an den Schnittstellen etwas abziehen.
2. Etwas Salz und Pfeffer in die Aushöhlungen streuen. Danach die Butter in Flöckchen hineingeben.
3. Die Tomaten mit dem Öl bestreichen und in eine große Alugrillschale setzen.
4. Die Tomaten bei nicht zu starker Hitze etwa 10 Minuten grillen.

Variationen

- Nehmen Sie statt der normalen Butter Kräuterbutter. Dadurch schmecken die Tomaten noch würziger.
- Bestreuen Sie die mit Salz und Pfeffer gewürzten Aushöhlungen mit etwas getrocknetem Oregano. Dann etwas geschälten, zerdrückten Knoblauch sowie 1 Butterflöckchen darauf geben. Die Tomaten, wie im Rezept beschrieben (ab Schritt 3), fertig zubereiten.
- Sie können die Tomaten auch in Alufolie eingewickelt grillen. Die Grillzeit beträgt etwa 12 Minuten.

(auf dem Foto: oben)

Bruschetta

Zubereitungszeit: ca. 25 Minuten

Sie benötigen für 4 Portionen:

4 große Tomaten
4 Knoblauchzehen
etwas Salz
8 Baguettescheiben
4 EL Olivenöl
etwas getrockneten Oregano
schwarzen Pfeffer aus der Mühle

So wird's gemacht:

1. Die Tomaten über Kreuz einritzen, kurz überbrühen, abschrecken und enthäuten. Sie dann vierteln, entkernen und in kleine Würfel schneiden.
2. Die Knoblauchzehen schälen, zerdrücken und mit den Tomatenwürfeln mischen. Alles mit Salz abschmecken.
3. Die Baguettescheiben auf dem Grill von beiden Seiten goldbraun rösten.
4. Die Baguettescheiben mit dem Olivenöl beträufeln und die Tomatenmischung darauf geben.
5. Die Bruschetta mit etwas Oregano bestreuen und mit schwarzem Pfeffer übermahlen.

(auf dem Foto: Mitte)

Barbecuegemüse

Zubereitungszeit: ca. 35 Minuten

Sie benötigen für 4 Portionen:

4 mittelgroße Tomaten
2 Knoblauchknollen
4 EL Sojaöl
1 EL gehackte Petersilie
etwas Salz
schwarzen Pfeffer aus der Mühle

So wird's gemacht:

1. Die Tomaten waschen, trockentupfen, putzen und vierteln. Von den Knoblauchknollen die äußeren pergamentähnlichen Schalenteile abziehen. Die Knollen dann quer halbieren.
2. Das Öl mit der Petersilie sowie mit etwas Salz und Pfeffer verrühren. Die Tomaten und den Knoblauch von allen Seiten mit der Marinade bestreichen.
3. Jeweils 4 Tomatenviertel in ein Stück Alufolie einwickeln. Die Knoblauchhälften einzeln in Alufolie einwickeln.
4. Den Knoblauch und die Tomaten etwa 15 Minuten grillen.

(auf dem Foto: unten)

Variation

Eine mediterrane Note erhält das Gericht, wenn Sie vor dem Einwickeln an jede Tomatenportion noch 1/4 Teelöffel getrocknete Kräuter der Provence geben.

Maiskolben mit dreierlei Würzbutter

Zubereitungszeit: ca. 35 Minuten

Sie benötigen für 4 Portionen:

Für das Gemüse:

4 Maiskolben

Für die Tomatenbutter:

50 g weiche Butter
1 EL Tomatenmark
1 Msp. Paprikapulver edelsüß
1 Msp. Cayennepfeffer
etwas Salz

Für die Pfefferbutter:

50 g weiche Butter
grob gemahlenen schwarzen Pfeffer
etwas Salz

Für die Knoblauchbutter:

2 Knoblauchzehen
je 1 Zweig Petersilie, Dill und Schnittlauch
1 TL abgeriebene Schale einer unbehandelten Zitrone
50 g weiche Butter
etwas Salz
schwarzen Pfeffer aus der Mühle

So wird's gemacht:

1. Die Maiskolben putzen (Blätter und Fäden entfernen), waschen und in Wasser etwa 15 Minuten bei mittlerer Hitze kochen.
2. Inzwischen für die Tomatenbutter die weiche Butter mit dem Tomatenmark verrühren und mit Paprikapulver, Cayennepfeffer (vorsichtig dosieren!) und Salz abschmecken.
3. Für die Pfefferbutter die weiche Butter mit grob gemahlenem Pfeffer und Salz verrühren und abschmecken.
4. Für die Knoblauchbutter die Knoblauchzehen schälen und durch die Knoblauchpresse drükken. Die Kräuterzweige waschen, trockentupfen und fein hacken.
5. Knoblauch, Kräuter und Zitronenschale mit der weichen Butter verrühren. Diese mit Salz und Pfeffer abschmecken.
6. Die gegarten Maiskolben abtropfen lassen. Dann etwa 7 Minuten unter mehrmaligem Wenden auf dem Grill rösten. Mit den 3 Würzbuttersorten servieren.
(auf dem Foto: oben)

Kräuterbutterkartoffel

Zubereitungszeit: ca. 1 ¼ Stunden

Sie benötigen für 4 Portionen:

4 mittelgroße, mehligkochende Kartoffeln
80 g Kräuterbutter
etwas Salz

So wird's gemacht:

1. Die Kartoffeln unter fließendem Wasser waschen und bürsten, dann trockentupfen. In jede Kartoffel mit einem kleinen, spitzen Messer eine keilförmige Vertiefung einschneiden.
2. Die Löcher mit der Kräuterbutter füllen und mit einem kleinen Kartoffelstückchen (vom Herausschneiden) verschließen.
3. Die Kartoffeln mit wenig Salz bestreuen und nicht zu fest in Alufolienstücke einwickeln.
4. Die Kartoffeln am Rande des Grills etwa 1 Stunde grillen. Dann die Folienpäckchen etwas öffnen und die Kartoffeln in der Folie servieren.
(auf dem Foto: unten)

Variation

Nach fast dem gleichen Rezept werden die klassischen Folienkartoffeln zubereitet: Wickeln Sie gewaschene, trockengetupfte Kartoffeln einzeln in Alufolie ein, und grillen Sie sie etwa 1 Stunde am Rande des Grills.

Speck-Mandel-Pflaumen

Zubereitungszeit: ca. 20 Minuten

Sie benötigen für 4 Portionen:

12 entsteinte Trockenpflaumen
12 geschälte Mandeln
6 Scheiben Frühstücksspeck

So wird's gemacht:

1. Die Pflaumen seitlich aufschlitzen und mit je 1 Mandel füllen.
2. Die Speckscheiben der Länge nach halbieren und je ½ Scheibe um 1 Pflaume wickeln. Den Speck mit einem Holzzahnstocher feststecken.
3. Die Speck-Mandel-Pflaumen unter häufigem Wenden etwa 10 Minuten grillen.
(auf dem Foto: ganz links)

Tip

Falls die Abstände der Stäbe Ihres Grillrostes sehr groß sind, so daß die Speck-Mandel-Pflaumen hindurchfallen, belegen Sie den Rost mit Alufolie.

Gegrillte Champignons

Zubereitungszeit: ca. 30 Minuten

Sie benötigen für 4 Portionen:

200 g große Champignonköpfe (ohne Stiele)
5 EL Kräuterbutter
schwarzen Pfeffer aus der Mühle

So wird's gemacht:

1. Die Champignonköpfe kurz waschen, trockentupfen und putzen. Sie dann in eine große Alugrillschale legen und die Kräuterbutter in kleinen Flöckchen darauf verteilen.
2. Die Pilze am Rand des Grills etwa 15 Minuten grillen. Sie dabei mehrfach wenden.
3. Die Pilze vor dem Servieren mit etwas schwarzem Pfeffer übermahlen.
(auf dem Foto: 2. von links)

Pilz-Zwiebel-Spieße

Zubereitungszeit: ca. 40 Minuten

Sie benötigen für 4 Portionen:

3 Frühlingszwiebeln
200 g Champignons
4 EL Zitronensaft
2 EL Sojasauce
etwas Salz
schwarzen Pfeffer aus der Mühle
1 EL Sojaöl

So wird's gemacht:

1. Die Frühlingszwiebeln putzen, waschen und in etwa 4 cm lange Stücke schneiden. Die Pilze kurz waschen und putzen.
2. Den Zitronensaft mit der Sojasauce sowie mit etwas Salz und Pfeffer verrühren. Die Pilze mit dieser Marinade beträufeln und etwa 10 Minuten durchziehen lassen.
3. Zwiebelstücke und Pilze abwechselnd auf 8 Spieße stekken. Alles leicht mit Salz und Pfeffer bestreuen und mit dem Öl bestreichen.
4. Die Spieße von jeder Seite etwa 3 Minuten grillen.
(auf dem Foto: Mitte)

Kartoffelspießchen

Zubereitungszeit: ca. 35 Minuten

Sie benötigen für 4 Portionen:

500 g sehr kleine Frühkartoffeln
6 EL Olivenöl
etwas Salz und schwarzen Pfeffer

So wird's gemacht:

1. Die Kartoffeln unter fließendem Wasser gut waschen und bürsten, dann trockentupfen.
2. Die Kartoffeln auf 8 Spieße stecken und mit etwas Öl bestreichen.
3. Die Spieße in Alugrillschalen legen und unter häufigem Wenden etwa 20 Minuten grillen. Sie während dieser Zeit mehrfach mit etwas Öl bestreichen.
4. Die gegrillten Kartoffeln mit etwas Salz und gemahlenem Pfeffer bestreuen. Sie werden mitsamt der Schale gegessen.
(auf dem Foto: rechts unten)

Speck-Zwiebel-Wickel

Zubereitungszeit: ca. 20 Minuten

Sie benötigen für 4 Portionen:

1 große Gemüsezwiebel
etwas Salz
etwas weißen Pfeffer
½ TL getrockneten Oregano
8 Scheiben Frühstücksspeck

So wird's gemacht:

1. Die Zwiebel schälen, in 8 Spalten schneiden und diese mit Salz, Pfeffer sowie Oregano bestreuen.
2. Jede Zwiebelspalte mit 1 Speckscheibe umwickeln. Den Speck mit Holzzahnstochern feststecken.
3. Die Speck-Zwiebel-Wickel 5 bis 10 Minuten grillen. Die Zwiebel muß weich und der Speck kroß sein.
(auf dem Foto: rechts oben)

Saucen und Dips

Viele Grillgerichte erhalten ihre ganz besondere Note erst durch Würzsaucen aus der eigenen Küche. Dieses Kapitel hält eine bunte Palette phantasievoller Rezepte für Sie bereit. Auch nur mit Baguette oder Brot genossen, sind die Saucen und Dips ein willkommener Snack in den Grillpausen.

Barbecuesauce

Zubereitungszeit: ca. 40 Minuten

Sie benötigen für 4 Portionen:

1 mittelgroße Zwiebel
1 Knoblauchzehe
1 rote Chilischote
2 EL Olivenöl
250 g passierte Tomaten
aus der Packung
1 TL Zitronensaft
1 EL braunen Zucker
½ TL gemahlenen Zimt
etwas Salz
etwas weißen Pfeffer

So wird's gemacht:

1. Die Zwiebel schälen und in feine Würfel schneiden. Den Knoblauch schälen und zerdrücken. Die Chilischote waschen, halbieren und die Kerne mit einem spitzen Messer herauskratzen. Die Schote dann in kleine Würfel schneiden.

2. Das Öl in einem Topf erhitzen und Zwiebelwürfel, Knoblauch sowie Chili darin andünsten.

3. Die passierten Tomaten sowie Zitronensaft, Zucker, Zimt, etwas Salz und Pfeffer zur Zwiebelmischung geben. Alles 15 bis 20 Minuten bei geringer Hitze offen köcheln lassen.

4. Zuletzt die Sauce in eine Schüssel geben und auskühlen lassen.

Tip

Die Sauce paßt zu Fleischgerichten.

Variationen

- Sie können die passierten Tomaten durch die gleiche Menge Tomatenstückchen aus dem Karton ersetzen.
- Eine Kräuter-Tomaten-Sauce erhalten Sie, wenn Sie den Zimt und die Chilischote weglassen und dafür 3 Eßlöffel feingehackte, gemischte Kräuter (z.B. Petersilie, Schnittlauch und Thymian) an die Sauce geben.

Blue-Cheese-Sauce

Zubereitungszeit: ca. 10 Minuten

Sie benötigen für 4 Portionen:

- 120 g Gorgonzola
- 50 g Sahnequark
- 125 g Naturjoghurt
- etwas Salz und schwarzen Pfeffer

So wird's gemacht:

1. Zunächst 80 g des Gorgonzolas zusammen mit dem Quark und dem Joghurt im Mixer oder mit dem Pürierstab pürieren.
2. Die Sauce mit Salz und Pfeffer pikant abschmecken.
3. Den restlichen Gorgonzola in kleine Würfel schneiden und auf die Sauce streuen.
(auf dem Foto: links)

Curry-Joghurt-Sauce

Zubereitungszeit: ca. 25 Minuten

Sie benötigen für 4 Portionen:

- 2 EL Sesam
- ½ Bund Schnittlauch
- 2 kleine Zwiebeln
- 1 EL Sesamöl
- 1 EL Currypulver
- 250 g Sahnejoghurt
- etwas Salz
- schwarzen Pfeffer aus der Mühle

So wird's gemacht:

1. Den Sesam in einer Pfanne ohne Fettzugabe goldbraun rösten.
2. Den Schnittlauch waschen, trockentupfen und in Röllchen schneiden. Die Zwiebeln schälen und fein würfeln.
3. Das Öl in einer Pfanne erhitzen und die Zwiebelwürfel darin glasig dünsten. Das Currypulver darüberstreuen und kurz anschwitzen lassen. Dann auskühlen lassen.
4. Den Joghurt mit zwei Dritteln des Sesams, zwei Dritteln des Schnittlauchs und den Zwiebeln verrühren.
5. Die Sauce mit Salz und Pfeffer abschmecken. Mit dem restlichen Sesam und dem Schnittlauch bestreuen.
(auf dem Foto: rechts)

Schafskäsesauce

Zubereitungszeit: ca. 20 Minuten

Sie benötigen für 4 Portionen:

- 100 g griechischen Schafskäse (Feta)
- 2 EL Olivenöl
- ½ TL Weißweinessig
- etwas weißen Pfeffer
- 1 Knoblauchzehe
- 125 g süße Sahne
- 1 EL Kapern
- 1 kleine Gewürzgurke
- 5 schwarze Oliven

So wird's gemacht:

1. Den Käse in einer Schüssel mit einer Gabel gut zerdrücken. Ihn dann mit Öl, Essig sowie etwas Pfeffer zu einer glatten Paste verrühren.

2. Den Knoblauch schälen, zerdrücken und unter die Creme rühren.

3. Die Sahne steifschlagen. Kapern und Gewürzgurke fein hacken. Die Oliven entsteinen und ebenfalls fein würfeln.

4. Die Schlagsahne zusammen mit den kleingeschnittenen Zutaten unter die Käsecreme heben.

(auf dem Foto: oben)

Diabolosauce

Zubereitungszeit: ca. 20 Minuten

Sie benötigen für 4 Portionen:

- 6 EL Tomatenketchup
- 2 EL Sojasauce
- 2 EL Rotweinessig
- 2 EL Honig
- schwarzen Pfeffer aus der Mühle
- 1 Msp. Cayennepfeffer
- 1 EL Paprikapulver edelsüß
- 1 TL Rosenpaprikapulver
- 2 Chilischoten
- 2 Knoblauchzehen
- 125 g Salatmayonnaise

So wird's gemacht:

1. Den Ketchup mit der Sojasauce, dem Essig und dem Honig gut verrühren.

2. Pfeffer, Cayennepfeffer (vorsichtig dosieren!) und die beiden Paprikapulversorten zu der Sauce geben und alles gut verrühren.

3. Die Chilischoten waschen, der Länge nach halbieren und die Kerne mit einem spitzen Messer herauskratzen. Die Schoten fein hacken. Den Knoblauch schälen und zerdrücken.

4. Die Chilischoten und den Knoblauch unter die Sauce mischen. Die Salatmayonnaise darunterrühren und alles nochmals pikant-scharf abschmecken.

(auf dem Foto: Mitte)

Tip

Wenn Sie die Sauce lieber etwas milder möchten, nehmen Sie anstatt der Mayonnaise 150 g saure Sahne, und lassen Sie den Cayennepfeffer weg.

Kräuterdip

Zubereitungszeit: ca. 20 Minuten

Sie benötigen für 4 Portionen:

- 3 Sardellenfilets
- 1 EL Kapern
- 10 grüne Oliven, entsteint
- 150 g Naturjoghurt
- 1 TL Senf
- ½ TL Essigessenz
- etwas Salz
- schwarzen Pfeffer aus der Mühle
- je ½ Bund Petersilie, Schnittlauch und Dill
- 1 Knoblauchzehe

So wird's gemacht:

1. Die Sardellenfilets unter kaltem Wasser abspülen, trockentupfen und zusammen mit den Kapern und den Oliven fein hacken.

2. Den Joghurt mit Senf und Essigessenz glattrühren und mit Salz und Pfeffer kräftig abschmecken.

3. Die Kräuter waschen, trockentupfen und fein hacken. Den Knoblauch schälen und zerdrücken.

4. Die Kräuter und den Knoblauch unter die Joghurtsauce rühren.

(auf dem Foto: unten)

Variation

Fruchtiger schmeckt der Dip, wenn Sie statt der Essigessenz Zitronensaft nehmen.

Leichte Knoblauchsauce

Zubereitungszeit: ca. 15 Minuten

Sie benötigen für 4 Portionen:

4 Knoblauchzehen
180 g Naturjoghurt
2 EL Olivenöl
1 kleine Zwiebel
1 EL Zitronensaft
etwas Salz
etwas weißen Pfeffer

So wird's gemacht:

1. Die Knoblauchzehen schälen, zerdrücken und mit dem Joghurt und dem Öl gut verrühren.
2. Die Zwiebel schälen, fein reiben und zusammen mit dem Zitronensaft unter die Sauce mischen.
3. Die Knoblauchsauce mit Salz und Pfeffer würzig abschmecken.

Variation

Wer die Sauce gerne etwas schärfer mag, kann sie mit 1 Messerspitze Cayennepfeffer würzen.

Mexikanische Avocadosauce

Zubereitungszeit: ca. 15 Minuten

Sie benötigen für 4 Portionen:

2 vollreife Avocados
1 EL Zitronensaft
150 g süße Sahne
1 EL Tomatenmark
4 cl Tequila
etwas Salz
etwas Cayennepfeffer

So wird's gemacht:

1. Die Avocados halbieren, die Steine herausnehmen und das Fruchtfleisch mit einem Löffel aus den Schalen herauslösen.
2. Das Fruchtfleisch sofort mit dem Zitronensaft beträufeln, damit es nicht braun wird. Es dann mit einem Pürierstab fein pürieren.
3. Die Sahne unter das Avocadomus mischen, das Tomatenmark und den Tequila dazugeben und alles glattrühren.
4. Die Sauce mit Salz und etwas Cayennepfeffer abschmecken und leicht gekühlt servieren.

Tip

Avocados sind vollreif, wenn sie auf Fingerdruck leicht nachgeben. Etwas harte Früchte können Sie zu Hause bei Zimmertemperatur etwas nachreifen lassen.

Würzige Linsensauce

Zubereitungszeit: ca. 40 Minuten

Sie benötigen für 4 Portionen:

100 g rote Linsen
3 EL Gemüsefond
2 EL Rotweinessig
1 TL Estragonsenf
2 Zwiebeln
etwas Salz
schwarzen Pfeffer aus der Mühle
1 TL Worcestershiresauce
etwas Zucker
1 EL gehackte Petersilie

So wird's gemacht:

1. Die Linsen in reichlich Wasser in 15 bis 25 Minuten weichkochen. Sie dann abgießen, abtropfen lassen und mit dem Pürierstab oder im Mixer pürieren.

2. Den Gemüsefond, den Essig und den Senf unter das Linsenpüree mischen. Die Zwiebeln schälen, sehr fein hacken oder reiben und unter das Püree rühren.

3. Die Sauce mit Salz, Pfeffer, Worcestershiresauce und wenig Zucker würzig abschmecken. Zuletzt die Petersilie daruntermischen.

Thailändische Sauce

Zubereitungszeit: ca. 20 Minuten

Sie benötigen für 4 Portionen:

5 Knoblauchzehen
200 g ungezuckerte Ananasscheiben aus der Dose
4 getrocknete rote Chilischoten
200 g Naturjoghurt
4 EL Zitronensaft
1 EL Zucker, etwas Salz
2 frische rote Chilischoten

So wird's gemacht:

1. Die Knoblauchzehen schälen und zerdrücken. Die Ananasscheiben gut abtropfen lassen, würfeln und mit dem Pürierstab oder im Mixer fein pürieren. Die getrockneten Chilischoten fein zerstoßen oder zerreiben.

2. Ananaspüree, Knoblauch und Chilischoten gut verrühren. Dann Joghurt, Zitronensaft, Zucker und etwas Salz daruntermischen.

3. Die frischen Chilischoten waschen, der Länge nach aufschlitzen und die Kernchen mit einem Messer herauskratzen. Die Schoten in feine Ringe schneiden und diese unter die Sauce mischen.

Stangensellerie-Meerrettich-Relish

Zubereitungszeit: ca. 1 Stunde

Sie benötigen für 8 Portionen:

1 kg Stangensellerie
2 säuerliche Äpfel
100 g Schalotten
1 unbehandelte Zitrone
1 EL geriebenen Meerrettich
200 g Rosinen
¼ l Weißweinessig
1 EL Zitronensaft
250 g braunen Zucker
etwas Salz

So wird's gemacht:

1. Den Sellerie putzen (eventuell die Fäden abziehen), waschen und in dünne Scheiben schneiden. Die Äpfel waschen, vierteln, entkernen und in kleine Stücke schneiden.
2. Die Schalotten schälen und fein hacken. Die Zitrone heiß waschen, trockentupfen und in dünne Scheiben schneiden.
3. Die vorbereiteten Zutaten aufkochen lassen. Dann alles zusammen mit Meerrettich, Rosinen, Essig, Zitronensaft, Zucker und etwas Salz in einem Topf etwa 25 Minuten bei mittlerer Hitze unter häufigem Rühren köcheln lassen.
4. Das Relish abkühlen lassen und in ein Schälchen füllen.
(auf dem Foto: oben)

Tip

Das Relish ist etwa 4 Tage im Kühlschrank haltbar.

Mangochutney

Zubereitungszeit: ca. 55 Minuten

Sie benötigen für 6 Portionen:

2 reife Mangos
2 Birnen
2 Pfirsiche
1 in Sirup eingelegte Ingwerpflaume aus dem Glas
150 g Zucker
100 g Rosinen
1 Msp. gemahlene Nelken
1 Msp. geriebene Muskatnuß
5 EL Essigessenz
1 EL Maraschino (Kirschlikör)

So wird's gemacht:

1. Die Mangos schälen. Das Fruchtfleisch von den Steinen abschneiden und in kleine Stücke schneiden.
2. Die Birnen schälen, halbieren, die Kerngehäuse entfernen und das Fruchtfleisch klein würfeln.
3. Die Pfirsiche über Kreuz einritzen, kurz überbrühen, abschrecken und enthäuten. Die Pfirsiche halbieren, entsteinen und würfeln. Die Ingwerpflaume in kleine Stücke schneiden.
4. Die Früchte zusammen mit 150 ml Wasser, 100 g des Zuckers, den Rosinen, den Nelken und dem Muskat erhitzen. Das Ganze unter Rühren bei geringer Hitze etwa 20 Minuten kochen.
5. Die Essigessenz und die restlichen 50 g Zucker unter das Chutney rühren. Den Maraschino dazugeben und das Chutney nochmals abschmecken. Es dann erkalten lassen und gekühlt servieren.
(auf dem Foto: Mitte)

Tip

Das Mangochutney ist etwa 4 Tage im Kühlschrank haltbar.

Zwiebelbutter

Zubereitungszeit: ca. 10 Minuten

Sie benötigen für 4 Portionen:

1 Zwiebel
100 g weiche Butter
1 TL Wacholderschnaps
1 TL Worcestershiresauce
etwas Salz
etwas weißen Pfeffer

So wird's gemacht:

1. Die Zwiebel schälen und sehr fein reiben. Sie dann mit der Butter, dem Schnaps und der Worcestershiresauce gut verrühren.
2. Die Zwiebelbutter mit Salz und Pfeffer abschmecken. Dann bis zum Servieren gut kühlen.
(auf dem Foto: unten)

Tip

Hübsch sieht es aus, wenn Sie die Butter zu einer Rolle geformt servieren. Dafür die fertig zubereitete Würzbutter noch weich auf ein Stück Alufolie geben. Dieses zusammen mit der Butter zu einer Rolle zusammenrollen und die beiden Enden, wie bei einer Salami, zusammendrehen. Die so eingerollte Butter bis zum Servieren kühlstellen. Jeder kann sich beim Grillen dann nach Belieben eine Butterscheibe abschneiden und sie auf das Gegrillte legen.

Desserts

Den krönenden Abschluß eines gelungenen Grillfestes bilden raffinierte Desserts, die natürlich auch auf dem Grill zubereitet werden. Lassen Sie sich von den fruchtigen Rezeptideen dieses Kapitels überraschen – für jeden Geschmack ist etwas dabei.

Gegrillte Apfelringe

Marinierzeit: über Nacht
(ca. 12 Stunden)
Zubereitungszeit: ca. 20 Minuten

Sie benötigen für 4 Portionen:

150 g Rosinen
100 ml braunen oder weißen Rum
4 große säuerliche Äpfel
(z.B. Boskoop)
2 EL Sonnenblumenöl
2 EL Zucker

So wird's gemacht:

1. Die Rosinen in dem Rum über Nacht zugedeckt quellen lassen.
2. Am nächsten Tag die Äpfel schälen, die Kerngehäuse ausstechen und die Äpfel in 1 cm dicke Scheiben schneiden. Die Apfelringe von beiden Seiten mit dem Öl bestreichen.
3. Die Apfelringe in einer Alugrillschale unter mehrmaligem Wenden etwa 4 Minuten grillen.
4. Die Apfelringe auf 4 Tellern anrichten. Die abgetropften Rosinen jeweils in die Mittellöcher geben und die Apfelringe mit dem Zucker bestreuen.
(auf dem Foto: unten)

Variationen

● Besonders aromatisch wird das Dessert, wenn Sie etwas Zimtpulver unter den Zucker zum Bestreuen mischen.
● Gut schmecken die Apfelringe auch mit Nüssen. Dafür die gegrillten Ringe noch heiß in etwa 100 g Kokosraspeln oder fein gemahlenen Haselnüssen wenden. Die Rosinen und den Zucker dann weglassen.

Bratäpfel vom Spieß

Zubereitungszeit: ca. 30 Minuten

Sie benötigen für 4 Portionen:

4 mittelgroße Äpfel
2 EL Sojaöl
4 EL Butter
100 g Zucker
1 EL Zimtpulver

So wird's gemacht:

1. Die Äpfel schälen, auf den großen Drehspieß stecken und mit den Halteklammern befestigen. Sie dann mit dem Öl bestreichen.
2. Die Butter bei milder Hitze schmelzen lassen und zum Grillen bereitstellen. Den Zucker mit dem Zimt mischen und ebenfalls bereitstellen.
3. Die Äpfel am Spieß ungefähr 15 Minuten garen. Sie dabei kurz vor Ende der Garzeit mit der flüssigen Butter bestreichen.
4. Die Äpfel vorsichtig vom Spieß schieben, in der Zucker-Zimt-Mischung wälzen und gleich heiß servieren.
(auf dem Foto: oben)

Tip

Wenn Sie keinen großen Drehspieß besitzen, können Sie die Äpfel auch einzeln auf Spießchen stecken und unter häufigem Wenden direkt auf dem Grill garen. Belegen Sie dann aber den Rost mit Alufolie, oder verwenden Sie Alugrillschalen. Die Grillzeit beträgt bei dieser Zubereitung 10 bis 15 Minuten.

Gefüllte Grillbirnen

Zubereitungszeit: ca. 45 Minuten

Sie benötigen für 4 Portionen:
2 große Birnen
2 EL Butter
200 g Preiselbeeren aus dem Glas
30 g milden Edelpilzkäse, z.B. Cambozola
100 g Crème fraîche

So wird's gemacht:

1. Die Birnen schälen und halbieren. Die Kerngehäuse großzügig herausschneiden.

2. Dann 4 große Alufolienstücke mit der Butter bestreichen und die Birnenhälften darin einwickeln.

3. Die Preiselbeeren in einem Schälchen bereitstellen. Den Edelpilzkäse mit einer Gabel zerdrükken und mit der Crème fraîche glattrühren. Die Käsecreme ebenfalls bereitstellen.

4. Die Birnenhälften am Rande des Grills etwa 20 Minuten bei nicht zu starker Hitze unter mehrfachem Wenden grillen.

5. Die Birnenhälften auswickeln und vorsichtig auf 4 Teller legen.

6. Die Mulden der Früchte mit der Käsecreme füllen. Die Preiselbeeren dazu servieren.

Tip

Die pikant-fruchtigen Birnenhälften eignen sich auch gut als Beilage zu gegrilltem Wildfleisch.

Vanillepfirsiche

Zubereitungszeit: ca. 25 Minuten

Sie benötigen für 4 Portionen:

4 Pfirsiche
2 EL Butter
1 EL Vanillezucker
2 EL Cognac

So wird's gemacht:

1. Die Pfirsiche waschen, halbieren und die Steine entfernen. Die Schnittflächen der Früchte mit etwas Butter bestreichen und mit etwas Vanillezucker bestreuen.

2. Dann 8 Stücke Alufolie mit der restlichen Butter bestreichen. Je 1 Pfirsichhälfte fest in 1 Folienstück einwickeln.

3. Die Pfirsichhälften unter mehrfachem Wenden etwa 7 Minuten grillen.

4. Die Fruchthälften dann aus den Folien nehmen, auf Teller setzen und mit dem Cognac beträufeln.

Tip

Die Pfirsiche können Sie auch, mit etwas Preiselbeeren aus dem Glas gefüllt, als Beilage zu gegrilltem Fleisch servieren.

Grillbanane

Zubereitungszeit: ca. 35 Minuten

Sie benötigen für 4 Portionen:

4 reife Bananen
Saft von 1 Zitrone
4 EL Butter
2 EL Schokoladenraspeln

So wird's gemacht:

1. Die Bananen schälen und mit dem Zitronensaft beträufeln.

2. Dann 4 Stücke Alufolie mit etwas Butter einfetten, die Bananen jeweils darauf legen und die restliche Butter in Flöckchen auf den Bananen verteilen.

3. Die Alufolienstücke zu Päckchen zusammenfalten und diese fest verschließen.

4. Die Bananen am Rand des Grills je nach Größe 10 bis 20 Minuten unter mehrfachem Wenden garen. Sie sind fertig, wenn Sie auf Druck nachgeben.

5. Die Alufolienpäckchen mit einem Messer der Länge nach aufschneiden und etwas öffnen. Die Schokoraspeln auf die Bananen streuen.

Variationen

- Gut schmecken die Bananen auch, wenn Sie vor dem Einwickeln auf jede 1 Teelöffel flüssigen Honig streichen.
- Statt Schokoraspeln können Sie auch gehackte Mandeln oder Kokosraspeln nehmen.

Orangen-Bananen-Spieß

Zubereitungszeit: ca. 30 Minuten

Sie benötigen für 4 Portionen:

2 Orangen
2 Bananen
1 EL Butter
2 EL flüssigen Honig
Saft von ½ Zitrone

So wird's gemacht:

1. Die Orangen sorgfältig schälen. Dabei die weißen Häute vollständig entfernen. Das Fruchtfleisch in ungefähr 2 cm große Stücke schneiden.

2. Die Bananen schälen und in ungefähr 2 cm dicke Scheiben schneiden.

3. Die Butter bei milder Hitze schmelzen lassen und zum Grillen bereitstellen. Den Honig mit dem Zitronensaft verrühren und ebenfalls bereitstellen.

4. Die Fruchtstücke abwechselnd auf 4 lange Spieße stecken.

5. Die Fruchtspieße in einer Alugrillschale bei nicht zu starker Hitze unter häufigem Wenden etwa 4 Minuten grillen. Sie dabei ab und zu mit etwas flüssiger Butter beträufeln.

6. Kurz vor Ende der Grillzeit die Spieße mit der Honigmischung bestreichen. Das Dessert heiß servieren.

Tip

Pikant werden die Spieße, wenn Sie sie vor dem Servieren mit etwas grob gemahlenem Pfeffer bestreuen.

Gegrillte Ananasscheiben

Marinierzeit: 2–3 Stunden
Zubereitungszeit: ca. 30 Minuten

Sie benötigen für 4 Portionen:

- 1 Ananas
- 75 ml Maraschino (Kirschlikör)
- ca. 20 Schattenmorellen aus dem Glas, entsteint
- 2 EL Sojaöl

So wird's gemacht:

1. Von der Ananas den Schopf und den Boden abschneiden. Die Frucht sorgfältig schälen und in etwa fingerdicke Scheiben schneiden. Die Mittelstrünke ausstechen.

2. Die Ananasscheiben in eine Schale legen, mit dem Maraschino beträufeln und 2 bis 3 Stunden zugedeckt im Kühlschrank durchziehen lassen.

3. Danach die Ananasscheiben abtropfen lassen und trockentupfen. Die Kirschen abtropfen lassen und beiseite stellen.

4. Die Ananasscheiben von beiden Seiten mit dem Öl bestreichen und etwa 8 Minuten unter zweimaligem Wenden in Alugrillschalen grillen.

5. Die Ananasscheiben auf 4 Teller geben, jeweils einige Kirschen in die Mittellöcher stecken.

Beilage:
Schlagsahne oder cremiger Vanillequark

Obstspieße „Tropic"

Zubereitungszeit: ca. 35 Minuten

Sie benötigen für 4 Portionen:

2 kleine Papayas
180 g Maraschinokirschen aus dem Glas
1 kleine Ananas
3 EL Lindenblütenhonig
1 EL Arrak (siehe Tip)
3 EL Kokosraspeln
2 EL Butter

So wird's gemacht:

1. Die Papayas halbieren und die Kerne mit einem Löffel entfernen. Die Hälften schälen und in etwa 2 cm große Würfel schneiden. Die Kirschen abtropfen lassen.

2. Von der Ananas den Schopf und den Boden abschneiden und die Frucht sorgfältig schälen. Die Ananas der Länge nach achteln und die harten Mittelstrünke abschneiden. Das Fruchtfleisch in ungefähr 2 cm große Würfel schneiden.

3. Den Honig mit dem Arrak und den Kokosraspeln verrühren und bereitstellen. Die Butter bei milder Hitze schmelzen lassen.

4. Papaya- und Ananasstücke sowie Kirschen abwechselnd auf 8 Spieße stecken und mit der Butter bestreichen.

5. Die Spieße in einer Alugrillschale unter mehrmaligem Wenden etwa 5 Minuten bei nicht zu starker Hitze grillen.

6. Die Spieße mit der Honigmischung bestreichen und heiß servieren.

Tip

Arrak ist ein goldgelber asiatischer Branntwein. Er wird in der Regel durch Vergären und Destillieren von Reis, Zuckerrohrmelasse oder zuckerhaltigen Pflanzensäften gewonnen. Sie bekommen Arrak meist in gut sortierten Spirituosenabteilungen oder in Asiengeschäften. Ersatzweise können Sie auch Tequila oder Rum nehmen.

Variation

Für diesen Spieß können Sie auch andere Früchte nehmen, z.B. Mangos, Äpfel, Birnen und Pflaumen.

Rezeptverzeichnis

Gerichte mit Fleisch

Gerichte mit Geflügel und Wild

Gerichte mit Fisch und Meeresfrüchten

Vegetarische Gerichte

Salate

Gegrillte Beilagen

Saucen und Dips

Desserts vom Grill

Genehmigte Lizenzausgabe für Verlagsgruppe Weltbild GmbH,
Steinerne Furt, 86167 Augsburg

Redaktion: Birgit Wenderoth
Umschlaggestaltung: Uhlig/www.coverdesign.net
Umschlagmotiv: Stradtmann, Ri/PICTURE PRESS

Fotos: **Christel und Wolfgang Feiler,**
Fotostudio, Karlsruhe; außer Seite 20 o.:
Informationsgemeinschaft Bananen;
Seite 16 o.: FALKEN Archiv **Fotostudio Eberle;** Seite 5 o., 21 li., 30 u., 55 li., 64 re., 65 u. 70 u., 79 li., 84 li., 92 li., 30 u., 118 u.,120 re., 126 o., 127 o., 127 re.: FALKEN Archiv **Christel und Wolfgang Feiler;** Seite 5 Mi., 20 u., 21 Mi., 36 re., 99 u., 110, 126 Mi., 127 u.: FALKEN Archiv **Rolf Feuz;** Seite 82 u., 127 Mi.: FALKEN Archiv **Photographie Brigitte Harms;** Seite 6: FALKEN Archiv **Studio R. Schmitz;** Seite 32, 49 u., 51 u., 72 re., 108 u., 121 li.: FALKEN Archiv **TLC-Foto-Studio GmbH**

Gesamtherstellung: aprinta Druck GmbH & Co. KG,
Senefelderstraße 3–11, 86650 Wemding

Printed in Germany

ISBN 3-8289-1153-6

2006 2005 2004 2003
Die letzte Jahreszahl gibt die aktuelle Lizenzausgabe an.